Germanen auf Südkurs

Die großen Wanderungen der Germanen
in das römische Reich

Zu diesem Buch

Dieses Buch gibt einen Überblick über die erfolgten germanischen Wanderungen ins römische Reich und spannt dabei den Bogen von Kimbern, Teutonen und Ambronen bis zur Migration der Langobarden.

Die ins Römerreich anstürmenden Germanenstämme erreichten anfangs dessen Grenzen, wurden beim Überschreiten jedoch zurückgeschlagen. Schließlich gelang die Grenzquerung, die Germanen bemächtigten sich nächstliegender Landesteile und überschwämmten im weiteren Verlauf Westrom, eroberten es und schufen eigene Herrschaftsereiche.

In der Mitte des 6. Jahrhunderts nach Christus gelang es Kaiser Justinian I. (Ostrom) mittels seiner Generäle Narses und Belisar Vandalen und Ostgoten in ihren Bereichen niederzuringen – deren Gebiete im heutigen Tunesien und Italien gelangten wieder unter römische Hoheit.

Zum Autor

Hartmut Raddatz, geb. 1937 in Lütjenburg/Schleswig-Holstein, besuchte die Gymnasien Plön und Oldenburg und trat nach dem Abitur in die Laufbahn des gehobenen Dienstes des Bundesgrenzschutzes ein.

Nach Dienstverrichtung an verschiedenen Staatsgrenzen der Bundesrepublik Deutschland widmete er sich dem Studium geschichtlicher Literatur, speziell jener über die römische Kaiserzeit. Hartmut Raddatz lebt in Bad Krozingen.

Bild auf dem Buchcover:

Ausschnitt aus dem Gemälde von Friedrich Türhaus: Schlacht zwischen Germanen und Römern am Rhein. Quelle: Wikimedia Commons.

Hartmut Raddatz

Germanen auf Südkurs

Die großen Wanderungen der Germanen
in das römische Reich

1. Auflage Juni 2022
© 2022 Hartmut Raddatz
Herstellung und Verlag: BoD – Books on Demand, Norderstedt
ISBN 9783-756-226061

Bibliographische Information der Deutschen Nationalbibliothek
Die Deutsche Nationalbibliothek verzeichnet diese Publikation in der
Deutschen Nationalbibliografie; detaillierte Daten sind im Internet über
http://dnb.de-nb.de abrufbar

Gewidmet

dem Vandalen Stilicho – in der römischen Armee aufgestiegen zum
Heermeister, magister militum (Oberbefehlshaber der beweglichen
Streitkräfte).
Sitilchos Verdienst lag in richtiger Beurteilung der militärischen Lage und
folgerichtiger Handlung Anfang des 5. Jahrhnderts nach Christus.
Den anstürmenden Ost- und Westgoten bot er mittels römischer Legionen
Paroli – und war zugleich auf Ausgleich bedacht.

*Der einflussreiche Heermeister und Politiker Stilicho mit seiner
Ehefrau Serena. Quelle: Atlas der Antike, H. Sonnabend, Palm-Verlag
S. 141*

Danksagung:

Meine Danksagung beginnt bei Studienrat Breyer, der mir den Einstieg in die "Lingua Latina" verschaffte. Studienassessor Schmidt, Lehrer für Latein, vermittelte mir die Ideale der Römer in ihrer Hochzeit. Herrn Hauptmann Kairies danke ich, dass er mir die Hinterlassenschaften der Römer in der Kaiserstadt "Augusta Treverorum" (Trier) zum Eigenstudium empfahl, ein Muss für jeden Römerfreund.

Bedanken möchte ich mich bei meiner Tochter Maike, die das Entstehen des Werkes mittels ihrer Schreibkraft erst ermöglichte.

Inhaltsangabe

—

1. Einleitung

Wie das Jahr 753 v. Chr. die Entwicklung Roms zur damaligen Weltmacht der westlichen Hemisphäre einleitete, so läutete das Jahr 375 n. Chr. den Untergang des westlichen Teils der Weltmacht Rom ein.
Landläufig verbindet man mit dieser Jahreszahl den Beginn der „Völkerwanderung", ausgelöst durch den Hunnensturm.
Bevor diese Wanderung zu betrachten ist, möchte ich mich zunächst mit den davor stattgefundenen „Wanderungen" der Germanen aus ihrer Heimat in den keltisch-römischen Lebensraum beschäftigen, ich meine damit die Wanderung der Kimbern und Teutonen, sodann die der Westgermanen und als drittes erst die der Ostgermanen – alles unter dem Begriff der „Völkerwanderung" laufend.

Um die germanischen Migrationen im europäischen Raum in etwa kartenmäßig nachvollziehen zu können, bedarf es eines Blickes auf den Erdkreis, die Kugel, die unsere Welt darstellt.
Karten gab es seit eh und je, schon zu früher Zeit hat man mit mehr oder weniger Erfolg und Genauigkeit versucht, Gelände-Abschnitte kartenmäßig darzustellen – unter Einbeziehung des Bekannten wie Land, Meer, Ströme, Wälder und Gebirge, aber wie auch künstlicher Gebilde als da wären Städte, Straßen, Türme und Brücken. Morgenland, Abendland wie auch Himmels-richtungen fanden Beachtung.

Wenn man in der Jetztzeit auf eine Deutschlandkarte blickt, erfasst das Auge das Gebiet Deutschlands und wandert dann unbewusst nach Norden, nach Skandinavien, unsere Karte ist nordorientiert. Haben wir andere Ziele im Sinn, so blicken die Augen gen Westen, Osten oder Süden, aber stets nordorientiert.
Die ersten Migranten nun, um die es geht, die Kimbern und Teutonen, die Einwohner Skandinaviens hingegen blickten nach Süden, wohin sie ja auch wandern wollten, sie waren südorientiert.
Noch aus dem 15. Jahrhundert liegen zwei südorientierte Karten vor – „Klosterneuburger Karte" des P. Fridericus aus 1421 und „Der Romweg" des Etzlaub aus 1492.

Diese uns unbekannten Migranten, die einst Skandinavien verließen, um im Süden den Traum von einem besseren Leben zu verwirklichen, waren die Vorfahren der als Kimbern, Teutonen und Ambronen bekannten Germanen, die gegen Ende des 2. Jahrhunderts v. Chr. aufbrachen.

Warum wanderten sie, verließen ihre Heimat, was waren ihre Motive?

Vielleicht kamen mehrere Gründe zusammen, vielleicht war es aber auch immer nur einer, dieser dann besonders massiv in Erscheinung tretend und die Menschen fortwährend drängend, bis sich diese zum Marsch entschlossen.

Denkbar sind zum Beispiel Klimaveränderungen, die nicht ohne Einfluss auf Pflanzen, Tiere und Menschen bleiben. Somit konnte der Mensch wegen Nahrungsmangel nicht weiter existieren und war zum Handeln gezwungen. Kleine Wanderungen, Standortveränderungen waren im Prinzip schon immer die Norm, denn ein Platz war über kurz oder lang „abgegrast". Doch auch gefährliche Nachbarstämme wie auch eine eigene Überpopulation konnten Beweggründe sein, sich örtlich zu verändern und nach Süden zu orientieren.

Vielleicht war es auch nur der Wunsch, es besser, bequemer zu haben, auch damals schon strebte der Mensch kontinuierlich nach besserer Lebensqualität. Saß er im hohen Norden doch lange Zeit des Jahres ohne Licht, ohne Wärme. Irgendetwas gab dann den letzten Anstoß und brachte das Fass zum Überlaufen, und der Marsch begann.

Viele Kenntnisse über die „neue" Welt wird man nicht gehabt haben, eins jedoch wusste man, noch schlechter konnte es nicht werden. Und dann ging's los, mit Mann und Ross und Wagen, Richtung Spanien, Italien, Rumänien oder sogar Ukraine (= Landbezeichnungen heutiger Zeit).

Um jeweils ins „gelobte" Land zu gelangen, musste man gewisse Leitlinien erreichen, an denen es sich entlang zu hangeln galt. Neben Wegen, Straßen und Fernstraßen als Leitlinien boten sich sichere von Süden nach Norden verlaufenden Ströme an, die ihr Ende in der Nord- oder Ostsee fanden. Verkehrsmittel waren wohl ausreichend vorhanden, sie wurden allerdings bei dem damaligen Wegepotential sehr stark strapaziert.

Wie hilfreich auch immer diese sogenannten Leitlinien auf dem Weg nach Süden waren, irgendwann und irgendwo tauchten dann Sperrlinien – der Gegenpart – auf, die einen bremsten und die es zu überwinden galt. Zu denken wäre an die Ostsee, an quer verlaufende Ströme, weitläufige nicht begehbare Sumpfgebiete, meilenweite Waldgebiete und fast unüberwindbare Gebirgs- ketten.

Besonders wichtig war der Zusammenhalt der germanischen Stämme untereinander, denn nur ausreichend Kräftepotential bot die Möglichkeit des gegenseitigen Unterstützens im Bedarfsfall, und es hielt andere, fremde Mächte davon ab, sich ihnen entgegenzustellen und sie anzugreifen.

Doch es gab auch Trennungen während des Marsches wie bei den Kimbern und Teutonen, die dann fatale Folgen nach sich zogen.

Gemeinsam noch marschierend war man stark, nach der Trennung jedoch relativ leichte Beute für die gegnerischen Römer. Dieser schwerwiegende taktische Fehler der beiden germanischen Stämme bedeutete ihre Zerschlagung.

Die Römer hatten aber auch erkennen müssen, dass die Germanen im Grunde keine leichten Gegner waren, man war gewarnt. Diese beiden Stämme, die in Südfrankreich und Norditalien vernichtend geschlagen wurden, waren gleichsam bis ins gelobte Land vorgedrungen, sie hatten einen Vorgeschmack erhalten und es war ziemlich sicher, dass weitere Stämme folgen würden.

Auf welchen Wegen nun konnte man nach Süden ziehen und auf wen traf man unterwegs?

2. Stammesbildungen germanischer Bevölkerungsteile, Infrastruktur im ersten Jahrtausend vor Christi Geburt auf deutschem Boden.

Das Land, in das die „Nordmänner" von Norden her einmarschierten, war das barbarische Europa, es war Gallien.

Germanen und Germanien in griechischen Quellen (Diodor „Weltgeschichte"V, 26-32; auszugsweise zitiert gemäß Zusammenstellung und Erläuterung von Birgit Neuwald. Herausgegeben von Alexander Heine):

„Weil das Klima viel zu rau ist, gedeihen im Land weder Wein noch Öl und da um den Galliern das eine wie das andere fehlt, bereiten sie sich ein Getränk aus Gerste, das sogenannte Bier. Außerdem trinken sie das Wasser, mit dem sie die Honigwaben ausgespült haben.
Dem Wein aber sind sie über die Maßen ergeben und trinken den von Kaufleuten eingeführten Wein unvermischt.
Sie trinken ihn in ihrer Gier so reichlich, dass sie berauscht in Schlaf oder wahnsinnsähnliche Zustände verfallen. So dient die gallische Trunksucht der gewöhnlichen Geldgier vieler italienischer Kaufleute als willkommenes Bereicherungsmittel.
Diese bringen den Wein entweder auf den schiffbaren Flüssen oder über das offene Land auf Wagen herbei und nehmen dafür einen unverschämten Preis.
Für einen Krug Wein erhalten sie einen Sklaven zum Tausch - sie geben einen Trunk und erhalten einen Mundschenk dafür."

Diese Überlieferung vermeldet einen Bedarf der Gallier an Wein und Öl, Sachen, die sie zu dieser Zeit nicht selbst erzeugen. Später führten die Römer die Weinrebe ein, wodurch sich zumeist eine Abhängigkeit verringerte.

Des Weiteren erfahren wir, dass der Schiffstransport die Transportrolle an sich spielte, eben weil ein leistungsfähiges Straßennetz für Wagen nicht existierte.

Wie sah das Straßennetz jener Zeit aus, welche Handelsrouten standen den Kelten und Römern in Gallien zur Verfügung? Denn diese Handelsrouten waren es ja, auf denen Waren und Kenntnisse vormals ins Land der Nordmänner gelangt waren und eben diese Routen waren es, die es den wandernden Menschenmassen ermöglichten, in etwa geordnet, gezielt und in gewissem Zeitrahmen nach Süden voranzukommen. Die Gebiete, in die sie einmarschierten, waren das ehemals sogenannte „Germania Magna" sowie „Gallia".

Eine erste größere Barriere, die es zu überwinden galt, war die Ostsee; es sei denn, die Nordleute entschlossen sich, den Weg über Jütland und Schleswig-Holstein zu nehmen. Aber da die Nordleute schon immer mit der Ostsee in Berührung gekommen waren, war sie keine Unbekannte und die Hürde war zu meistern. Feindberührung auf dem Wasser dürfte auszuschließen gewesen sein. So landeten sie an der gegenüberliegenden Küste und konnten sich entweder einen beschwerlichen Landweg suchen oder vorhandene Wasserwege in Anspruch nehmen. Irgendwann stieß man dann unweigerlich auf Rhein oder Donau.

Für die im Westbereich nach Süden strebenden Völkerschaften bot sich eine Straßenverbindung über Elbe/Weser in südwestliche Richtung an den Rhein als erste Etappe an, abzweigend entlang Elbe und Saale marschierend gelangte man an die Donau. Für den Ostbereich kamen die Oder, die an ihrer Quelle auf den Handelsweg Truso-Stupava-Donau-Aquileia traf, und die Weichsel in Frage, entlang derer Teile der Goten ihren Weg nahmen.

Hatte man erst einmal Rhein bzw. Donau erreicht, war schon ein gutes Stück unwirtlichen Landes passiert, und man war in bewohnteren Gebieten, die entlang dieser Flüsse bzw. an den dort verlautenden Wegen schon eine höhere Stufe, verbesserte Lebensqualität und wärmeres Klima boten.

Doch die eigentlichen Ziele lagen ja noch weiter südlich. Und zu diesen Zeiten waren Rhein und Donau eher Sperrlinien als Leitlinien – natürlich mussten sie auch noch überwunden werden.

Von der Donau aus konnte man auf mehreren Straßen nach Norditalien gelangen, im Osten über die Straße Stupava-Aquileia, im mittleren Bereich entlang des Inntales über den Brenner und im westlichen Bereich von Hohenasperg über Heuneburg/Donau am Ostufer des Bodensees entlang, dann über den St. Bernhard auf die norditalienische Straßenverbindung Aquileia - Mantua.

Des Weiteren war es möglich, zunächst bis zur Donauquelle, von dort an den Rhein und nach Chalon-sur-Saône durchzustoßen, womit man an der Rhone war, die ja direkt ins Mittelmeer fließt und den weiteren Weg nach Spanien ermöglicht.

Vom Rhein aus führte der Weg in den Südwesten Europas entlang der Mosel zur Saône, weiter nach Lyon an der Rhone – der weitere Weg Richtung Mittelmeer und Spanien wurde oben bereits angesprochen.

Nach der Auswertung des um das 1. Jahrhundert vor Christus vorhandenen „Wegenetzes" in Mitteleuropa folgt nun ein Blick auf Waren und Produkte.

Was hatte dieses Gebiet an Bodenschätzen, an Erzeugnissen seiner Bewohner zu bieten? Während aus dem etwas abseits gelegenen Britannien Zinn als seltenes und wertvolles Metall seinen Weg nach Süden fand, gab es auf dem Festland Eisen, Gold, Silber und Kupfer. Die Ostseeküste war gesegnet mit Bernstein, er fand in Rom große Beachtung und wurde zum begehrten Handelsobjekt.

Übers Land verteilt fand sich die Salzproduktion, Salz war eine lebensnotwendige Ware. Weiterhin wurde verfügt über Pelze, pflanzliche Produkte, Nutzvieh und leider auch Sklaven. Im Gegenzug lieferte der Süden, supra legimus, Wein, Öl, aber auch Keramik und Bronzegefäße.

Nun ein Blick auf die damals in Mitteleuropa lebende Bevölkerung. Sie war, inklusive durchziehender Nordleute, das Potential der späteren Migranten, egal ob aus eigenem Antrieb oder letztendlich gejagt durch die von Osten heranstürmenden Hunnen.
Wer waren die derzeitigen Bewohner des Raumes in und um Mitteleuropa, wer lebte dort, wen fanden die Nordleute auf ihrem Treck nach Südeuropa vor?

Im ersten Jahrtausend vor Christi Geburt zeichnete sich folgende Dislozierung ab, es gab nachstehend angeführte germanische Siedlungsgebiete mit folgenden germanischen Völkerschaften:

- Schleswig-Holstein, nordostwärtiges Niedersachsen und Mecklenburg-Vorpommern mit: Angeln, Sachsen, Chauken, Langobarden, Semnonen, Rugier.

Innerhalb des ersten Jahrtausends breiteten sich die Germanen nach Westen wie nach Osten im norddeutschen Raum aus.

- Niederlande, westliches und mittleres Niedersachsen mit: Bataver, Brukterer, Friesen, Cherusker, Angrivarier

- Hinterpommern und Westpreußen mit: Burgunder, Vandalen, Bastarner, Goten

Während aus dem Westen Deutschlands Ingväonen, Istväonen, Herminonen, Sweben nach Südwesten in Richtung Frankreich und Spanien zogen, verließen den Osten Deutschlands Burgunder, Vandalen, Bastarner, Goten in Richtung Südosten, d.h. Schlesien und Südrussland.

Dabei trafen die Germanen im Westen auf Keltisches Siedlungsgebiet, die des Ostens auf Gebiet der Illyrer.

Der Verlauf der Migration erfolgte – von der Festsetzung in der Mitte Norddeutschlands – über die westliche und ostwärtige Erweiterung des Siedlungsraumes, also auf keltisches und illyrisches Territorium.

Eine gewisse Kunde über die Germanen der Zeitenwende im nördlichen Mitteleuropa übermittelt **C. Plinius Secundus** (23-79 n. Chr.) in seinem Werk „Naturalis Historia" IV Buch, Kap. 96-101 (auszugsweise zitiert gemäß Übersetzung Winkler/König):

„Hierauf beginnt sich zuverlässigere Kunde mit dem Volk der Ingväonen zu eröffnen, welches das erste in Germanien ist. Dort bildet der ungeheure und den Ripäischen Bergen nicht nachstehende Berg Sevo bis zum Vorgebirge der Kimbern eine gewaltige Bucht; diese wird Codanus genannt und ist voll von Inseln; deren berühmteste ist Scatinavia, von unerforschter Ausdehnung, da nur einen Teil davon, soweit bekannt ist, jenes Volk der Suionen in 500 Gauen bewohnt - deshalb nennen sie (die Insel) auch eine zweite Welt. Nicht geringer an Ansehen ist Feningia."

Zunächst nennt Plinius das Volk der Ingväonen, unter diesen Begriff fallen folgende germanische Völkerschaften:

Kimbern	Sachsen
Teutonen	Chauker
Angeln	Friesen

Unter Germanien ist „Germania Magna" zu verstehen - in seinen Grenzen wie folgt:

Nord- und Ostsee	im Norden
Weichsel	im Osten
Donau	im Süden
Rhein	im Westen

Die genannten „Suionen" sind das Kernvolk Schwedens, Teilstämme sind u.a. Sueben, Semnonen.

Plinius fährt fort in seiner Beschreibung: „Einige berichten, dass diese Gegenden bis zum Fluss Vistla von den Sarmaten, Venedern, Skirern und Hirrern bewohnt werden, die Bucht Cylipenus heiße und an ihrer Mündung die Insel Latris liege; ferner gebe es eine andere Bucht Lagnus, an die Kimbern angrenzend.

Das Vorgebirge der Kimbern, das weit in die Meere hinausragt, bildet eine Halbinsel, die Tastris genannt wird. Von dort sind den Römern 23 Inseln durch die Waffen bekannt.

Die berühmtesten davon sind Burcana, von den Unsrigen wegen der Menge einer (dort) wild wachsenden Frucht als „Bohneninsel" (Fabaria) bezeichnet, ferner Glaesaria, von den Soldaten nach dem Bernstein, von den Barbaren Austeravia genannt, und außerdem Actania."

Bei den genannten Völkerschaften (Veneder; Sarmaten = iranisches Volk) handelt es sich um Slawen, ostwärts der Weichsel siedelnd. Die Skirer sind ein germanischer Stamm, an der unteren Weichsel wohnend, im 3. Jahrhundert vor Christus zogen sie zusammen mit den Bastarnen Richtung Südosten, ans Schwarze Meer. Über die germanisch stämmigen Hirrer gibt es keine Kenntnisse.

Anschließend skizziert Plinius das Inselreich zwischen Jütland und Scatinavia mit Inseln und Buchten. Nun fällt auch der Name des germanischen Stammes, der hauptsächlich auf Jütland siedelt, es sind die Kimbern. Woher sie kamen, wurde nicht angesprochen, vermutlich aus Scatinavia, Baltia Basilia oder einem anderen nördlich gelegenen Bereich jenseits des Mare Cronium. Im Jütland lebten zudem die Teutonen, zusammen mit ihnen brachen die Kimbern um 120 v. Chr. nach Süden auf. Danach geht Plinius auf ost- und westfriesische Inseln ein, Inseln, die den Römern zur Zeitenwende durch militärische Vorstöße bekannt geworden waren.

Plinius fährt fort: „Im ganzen Meere aber bis zum Flusse Scaldis wohnen die Völker Germaniens, wobei die Ausdehnung nicht zu ermitteln ist - so maßlos ist die Widersprüchlichkeit der Gewährsleute.
Die Griechen und manche der Unsrigen überlieferten als Küste Germaniens 2500 Meilen, Agrippa bestimmte, mit Rätien und Noricum, als Länge 636 Meilen, als Breite 388 Meilen, obgleich die Breite Rätiens, das etwa zur Zeit seines Todes unterworfen wurde, allein fast größer war; denn Germanien wurde (erst) viele Jahre danach und dann nicht einmal vollständig bekannt.
Wenn es gestattet ist, eine Vermutung zu äußern, wird die (Ausdehnung der) Küste von der Meinung der Griechen und von der durch Agrippa überlieferten Länge nicht viel abweichen."

In obigem Abschnitt wird bekannt, dass von Jütland bis zur Scheldemündung germanische Völkerschaften siedelten, ihre Namen werden nicht genannt. Vermutlich waren es Jüten, Sachsen, Chauken, Friesen und Bataver. Die anschließend gemachten Meilenangaben über germanische Gebietsteile sind schwer nachvollziehbar; die Länge des Küstenverlaufs wird sich – infolge von untergegangenen Landabschnitten nach schweren Sturmfluten – verändert haben.

Plinius nennt darauf die germanischen Hauptstämme:

„Es gibt fünf Hauptstämme der Germanen:

- Die Vandiler, zu denen die Burgodionen, Variner, Chariner und Gutonen gehören.
- Der zweite Hauptstamm sind die Ingväonen, die sich in die Kimbern, Teutonen und die Stämme der Chauker aufteilen.
- Die dem Rhenus nächsten sind aber die Istväonen, von denen die Sugambrer ein Teil sind.
- Im Landesinneren wohnen die Hermionen, zu denen die Sueben, Hermundurer, Chatter und Chrusker gehören.
- Der fünfte Teilstamm sind die Peukiner und Bastarnen, die den oben erwähnten Dakern benachbart sind."

In diesem Abschnitt ordnet und disloziert Plinius die germanischen Stämme Germania Magna's.
Als erste nennt er diejenigen, die im Nordosten und Osten siedelten. Es sind die Vandiler, vermutlich die Vandalen, als eigenständiger Stamm, ihr Hauptgebiet lag in Schlesien. Sie kamen jedoch ursprünglich aus Skandinavien. Als zweite nennt Plinius die Burgodionen, gemeint sind die Burgunder, sie wohnten am Unterlauf der Oder, zogen von dort als erste Etappe an den Oberlauf des Mains. Als dritte spricht er die Variner an, sie lebten an der Warnow in Mecklenburg-Vorpommern. Als vierte werden die Chariner, Harier als zweiter Name, genannt, sie hatten ihr Domizil am Oberlauf der Oder. Als fünfte spricht er von den Gutonen, gemeint sind die Goten. Sie kamen aus Schweden und lebten zur Zeit des Plinius an der Weichselmündung.

Von den Teutonen, Teil der Ingväonen, ist bekannt, dass sie ihre Heimat an der Westküste Jütlands wegen häufiger Springfluten und den daraus entstandenen Schäden an Menschen, Land und Habe verließen. Über die Chauken ist überliefert, dass sie westlich und ostwärts der Unterweser siedelten, sie gehörten zu den Ingväonen.

Von den Istväonen, Sammelname für germanische Stämme zwischen Rhein und Weser, wurden namentlich die Sugambrer angeführt. Da sie den von Caesar besiegten Tenkterern und Usipetern Asyl gewährt hatten, außerdem als Aufständische gegen die Römer in Erscheinung getreten waren, wurden sie zwangsweise als „Kugerner"auf Höhe Xauten auf das linke Rheinufer umgesiedelt; ein Teil von ihnen wurde anderen Stämmen zugewiesen.

Für das Landesinnere Germaniens sind die Hermionen bezeugt, es handelt sich um germanische Stämme an oberer und mittlerer Elbe. Dazu zählten des Weiteren Sueben am Main, Hermunduren an mittlerer Elbe, Chatten zwischen Fulda und Eder sowie Cherusker am Nordharz.

Als letzte Gruppe spricht Plinius die Peukiner und die Bastarnen an: die Peukiner sind ein Teilstamm der Bastarnen, sie besiedeln die Insel Peuke im Donaudelta. Die zunächst an der oberen Weichsel siedelnden Bastarnen wanderten nach Südosten, nahmen ihre Wohnsitze im 2. Jahrhundert vor Christus in Bessarabien.

Plinius schließt seine Beschreibung über Land und Leute Germania Magnas wie folgt ab:
„In den Ozean münden berühmte Flüsse: Guthalus, Visculus oder Vistla, Albis, Visurgis, Amisis, Rhenus und Mosa.Nach innen aber erstreckte sich der Herkynische Bergrücken, der keinem anderen in Berühmtheit nachsteht.
Im Rhenus aber selbst liegt in einer Länge von 100 Meilen die sehr berühmte Insel der Bataver und die der Kanenefaten, sowie andere (Inseln) der Frisier, Chauker, Frisiavonen, Sturier und Marsaker, die zwischen Helenius und Flevus zerstreut sind.
So heißen die Mündungen, in die sich der ausströmende Rhenus von Norden her in Seen, von Westen her in den Fluß Mosa ergießt; zwischen diesen bewahrt er in der mittleren Mündung ein mäßiges Bett für seinen Namen."

Als letzte Völkerschaften benennt Plinius zunächst diejenigen, die an der Rheinmündung und auf der Rheininsel wohnen. Es ist die Insel der Bataver, heute unter der Bezeichnung Betuwe zwischen Lek und Wal mit dem Hauptort Noviomagus, heute Nijmegen.
Des Weiteren werden benannt die Kanenefaten, siedelnd im heutigen Kennemerland mit dem Hauptort Haarlem. Dazu kamen die Frisier, heute „Friesen", sie wohnten zwischen Ems und Ijssel. Man unterscheidet größere und kleinere Frisier – kleinere Frisier werden auch Frisiavonen genannt.

Ein weiterer größerer Stamm waren die Chauker, die ostwärts der Friesen siedelten. Am entgegengesetzten Ende dieses Gebiets, zwischen Wal und Schelde, siedelten die Sturier. Und schließlich gab es noch die Marsaker, sie bewohnten die heutige Provinz Zeeland an der Scheldemündung.

Einen weiteren Bericht über die Kenntnisse des damaligen Germaniens zur Mitte des 1. Jahrhunderts n. Chr. hinterlässt Pomponius Mela, ein römischer Geograph.

Pomponius Mela schreibt in seinem Werk „De Chorographia" (auszugsweise zitiert gemäß „Germanen und Germanien in römischen Quellen", Zusammenstellung, Erläuterung von Birgit Neuwald, herausgegeben von Alexander Heine):

„Germanien wird auf der einen Seite durch das Rheinufer bis zu den Alpen, südwärts durch die Alpen selbst, östlich durch die Nachbarschaft sarmatischer Stämme, an der Nordseite durch das Ufer des Ozeans eingegrenzt.

Seine Bewohner sind Riesen an Mut und Gestalt. In beiden erhöhen sie durch Übung ihre angeborene Wildheit; den Mut stählen sie durch ständigen Krieg, den Körper durch Gewöhnung an alle Mühsal, hauptsächlich an die Kälte.

Unbekleidet leben sie bis zur Zeit der Reife, und das Knabenalter dauert bei ihnen sehr lange; die Männer kleiden sich in kurze Gewänder, oder in Baumbast, mag der Winter auch noch so streng sein. Im Schwimmen zeigen sie nicht nur Ausdauer, sie betreiben es sogar eifrig als eine besondere Kunst.

Krieg führen sie mit ihren Nachbarn; den Anlass dazu nehmen sie willkürlich; auch kämpfen sie nicht, um zu herrschen oder ihren Besitz zu erweitern – bestellen sie doch selbst ihren Besitz nicht mit Sorgfalt – sondern damit das Land rings um sie herum wüst liege.

Ihr Recht beruht auf der Gewalt, schämen sie sich doch selbst der Räuberei nicht; nur gegen ihre Gastfreunde sind sie gütig, nur gegen Schutzflehende milde.

Ihre Lebensart ist so roh und ungesittet, dass sie sogar rohes Fleisch genießen, entweder frisch oder – wenn es in den Fellen der zahmen oder wilden Tiere eingetrocknet ist – nachdem sie es durch Kneten oder Treten aufgefrischt haben.

Im Lande selbst hemmen viele Flüsse den Verkehr; zahlreiche Berge machen es rauh und zum großen Teil ist es unwegsam durch Wälder und Sümpfe. Von den Sümpfen sind die größten: der Suesische, der Mebische und der Melsiagum; unter den Wäldern sind neben dem Herkynischen noch genug andere bekannt, doch der Herkynische, der sechzig Tage Weges einnimmt, ist sowohl größer als auch bekannter als die übrigen. Von den Bergen sind die höchsten der Taunus und der Retico, die vielleicht ausgenommen, deren Namen römische Lippen kaum aussprechen können.

Von den Flüssen, die in das Gebiet anderer Stämme hinüberfließen, sind die Donau und Rhodanus (Rhone), von den Nebenflüssen des Rhenus Moenis (Main) und Lupia (Lippe), von denen, die in den Ozean münden, Amisis (Ems), Bisurgis (Weser) und Albis (Elbe) die berühmtesten.

Oberhalb des Albis liegt der ungeheure Codanische Meerbusen, voll von großen und kleinen Inseln.

Deshalb erstreckt sich das Meer, das die Ufer gewissermaßen im Schoß hält, nirgendwo weit hinaus. Nirgendwo ist es dort einem offenen Meer ähnlich; sondern da die Gewässer, wo sie können, zwischen den Inseln hinfließen, und oft ihren Lauf ändern, strömen sie unstet und zerteilen sich in einzelne Kanäle, wie Flüsse.

Wo das Meer die Küste des Festlands berührt, wird es von den Ufern der Inseln, die nicht weit und fast überall gleich weit davon abliegen, eingeengt, so dass es in seiner geringen Breite einer Meerenge gleicht.

Dann krümmt es sich und folgt der Biegung einen langen Landzunge.Auf dieser wohnen die Kimbern und Teutonen; weiter jenseits von ihnen das letzte Volk Germaniens, die Hermionen."

Nachdem Pomponius Mela zunächst den Grenzverlauf Germania Magnas bekanntgibt, schildert er anschließend, in gewisser Weise Bewunderung ausdrückend, die Art der körperlichen Ertüchtigung bei den Germanen sowie deren Kämpferwillen. Interessant ist auch deren Einstellung zum Krieg, sie führen ihn nicht, etwa um sich zu verteidigen im Falle eines gegnerischen Angriffs, nein, das Land um sie herum soll wüst sein.

Auch macht Pomponius Mela eine Aussage über das Verkehrswegesystem Germania Magnas. Es wird zwar als nicht unerheblich behindert durch Flüsse, Sümpfe und Wälder eingestuft, aber es wird immerhin als vorhanden und eingeschränkt brauchbar konstatiert.

Es dürfte den Germanen natürlich bekannter und vertrauter gewesen sein, speziell in schwierigem Gelände, wie Wälder und Sümpfen, als den römischen Eroberern. Diese Tatsache, dieser Vorteil dürfte sich in den Anfangszeiten der Auseinan-dersetzungen für die Germanen positiv ausgewirkt haben, aber die Römer holten auf in Sachen Orts-und Wegekenntnis. Bekannte Berge und Flüsse spricht er an, auch die Völkerschaften der Kimbern und Teutonen finden Erwähnung.

Landläufig bekannter und wohlwollendster Berichterstatter über Land und Leute Germania Magnas dürfte **Tacitus** sein (55 – 117 n.Chr.).

Im Kapitel 16 seines Werks „Germania" schreibt er über Dörfer u. Wohnsitze der Germanien (auszugsweise zitiert gemäß „Caesar-Tacitus" Berichte über Germanen und Germanien, herausgegeben von Alexander Heine):

„Dass die Völker der Germanen keine Städte bewohnen, ist hinreichend bekannt; sie dulden nicht einmal miteinander verbundene Wohnsitze. Abgesondert und zerstreut bauen sie sich an, wie ein Quell, ein Feld, ein Gehölz ihnen eben gefiel.

Dörfer legen sie nicht nach unserer Weise so an, dass die Gebäude verbunden sind und zusammenhängen, sondern jeder umgibt sein Haus mit einem Raume, sein es zum Schutze gegen Feuersgefahr, sei es aus Unwissenheit in der Baukunst.

Nicht einmal Mauersteine und Ziegel sind bei ihnen in Gebrauch; zu allem bedienen sie sich rohen Holzes, ohne Schönheit und Anmut.

Einige Stellen bestreichen sie sorgfältig mit einer so reinen und glänzenden Erde, dass sie wie Malerei und Farbenbezeichnung aussieht.

Sie pflegen auch unterirdische Höhlen auszugraben und belasten diese oben noch mit vielem Dünger, als Zufluchtstätte für den Winter und zum Behältnis für die Früchte, weil sie die Strenge der Kälte durch solche Anlagen mildern, und wenn einmal der Feind kommt, er nur das offenliegende verheert, während das Verborgene und Vergrabene entweder unbemerkt bleibt oder es eben deshalb entgeht, weil man es suchen muss."

Soweit eine kurze Skizzierung nach Tacitus über die Art und Weise, wie die Germanen wohnten. Dazu ist die Frage erlaubt, ob denn die „gewaltigen Menschenmassen", von denen durch die Historiker berichtet wird, auf Einzelhöfen und in Dörfern wohnten.

Tacitus sagt z.B. nichts über Örtlichkeiten, wo etwa diese beschriebene Wohnkultur der Germanen vorherrschte. Es dürfte anzunehmen sein, dass es an bestimmten Orten in Germania Magna mit entsprechender Eignung größere Wohnsiedlungen gegeben haben muss. Immerhin führt C. Ptolemäus (um 150 n. Chr.) ca. 100 Ortschaften mit Stadtcharakter auf deutschem Boden an. Den römischen Großsiedlungen/Städten entsprachen sie noch nicht, da in Germania Magna Bauingenieure sowie Baumaterialien nicht zur Verfügung standen.

Wie Plinius berichtet auch Tacitus über die zu seiner Zeit bekannten Völkerschaften Germania Magnas, aber ausführlicher und mehr ins Detail gehend, sicherlich aufgrund erweiterten Kenntnisstandes.

Großen Raum widmet Tacitus den Chatten, die das heutige Bundesland Hessen besiedelten, ebenfalls den Chauken.

Tacitus bringt ein gewisses System in seine Beschreibung der Völkerschaften, indem er zunächst die ostwärts des Rheins siedelnden benennt und beschreibt, später die sich im Rücken derer anschließenden.

Einen kurzen Hinweis gibt er über die Kimbern:

„Dieselbe Landspitze von Germanien zunächst am Ozean bewohnen die Kimbern, jetzt eine kleine Völkerschaft; doch ist ihr Ruhm unendlich groß, und noch weit umher bestehen Spuren ihres alten Rufes fort, diesseits und jenseits des Rheins weite Lagerplätze, aus deren Umfang man noch jetzt die Masse und Stärke des Volkes ermessen kann, so wie die Glaubhaftigkeit einer so bedeutenden Auswanderung."

Ein letzter Zeuge, der über die germanische Völkerschaften des 2. Jahrhunderts nach Christi Geburt berichtet, ist der Geograph **Ptolemäus**. Er schreibt über Germanen und Germanien in griechischen Quellen (auszugsweise zitiert in „Einführung in die Geographie II,II Germanische Stammesgebiete" gemäß Zusammenstellung und Erläuterung Birgit Neuwald und Herausgabe Alexander Heine):

„Es bewohnen aber von Germanien das Gebiet längs des Rheins, wenn man von Norden beginnt, die kleinen Brukterer und die Sigambrer, unterhalb von diesen die suebischen Langobarden, dann die Tenkterer und Inkrionen, zwischen dem Rhein und den Abnoba Bergen aber... und ferner Intuerger, Vangionen und Karitamer. Unterhalb dieser liegt das Gebiet der Usipier und die Helvetier-Einöde bis zu den genannten alpischen Bergen.
Das Land längs des Ozeans bewohnen jenseits der Brukterer die Friesen bis zum Fluß Ems. Hinter ihnen sitzen die kleinen Chauken bis zur Weser, dann die großen Chauken bis zur Elbe, dann bis zur Landenge der kimbrischen Halbinsel die Sachsen.
Die Halbinsel selbst aber oberhalb der Sachsen bewohnen im Westen die Singulonen, dann die Sabalingier, dann die Robander, jenseits von diesen die Chalen und noch jenseits dieser mehr im Westen die Phunusier, mehr im Osten die Haruden, am nördlichsten von allen aber die Kimbern.
Hinter den Sachsen wohnen vom Fluß Chalusus bis zum Fluß Suebos die Pharodiner, dann die Sidiner bis zur Oder und jenseits von ihnen die Rutiklier bis zur Weichsel.
Von den im Binnenland wohnenden Völkern sind die größten das der suebischen Angeln, die östlicher als die Langobarden wohnen und sich nach Norden bis zur Mitte der Elbe erstrecken, und das der suebischen Semnonen, deren Gebiet sich hinter der Elbe hinzieht, von ihrens genannten Teil nach Osten bis zum Fluß Syebos, und das der Burgunder, die das weiterhin sich erstreckende Land, bis zur Weichsel hin bewohnen.

In kleineren Völkern wohnen zwischen den kleinen Chauken und den Sueben die großen Brukterer, an die die Chaimer angrenzen. Zwischen den großen Chauken und den Sueben die Angrivarier, dann die Langobarden, dann die Dulgubner. Zwischen den Sachsen und den Sueben die Teutonoarer und Viruner. Zwischen Pharadinern und Sueben die Teutonen und Auarper. Zwischen Rutikliern und Burgundern die Eluaionen.

Andererseits wohnen unterhalb der Semnonen die Silinger, unterhalb der Burgunder die iomannischen Lugier, danach die idunischen Lugier bis zum Gebirge Askiburgion, unterhalb der Silinger die Kalukonen auf beiden Seiten der Elbe. Nach ihnen kommen die Cherusker und Chamaver bis zum Berg Melibokon. Im Osten von ihnen in der Elbgegend sitzen die Baginochaimer.

Jenseits von diesen die Batiner und noch jenseits von diesen am Fuß des Askiburgiongebirges die Korkouter und die burischen Lugier bis zur Quelle der Weichsel. Unterhalb dieser kommen zuerst die Sidonen, dann die Cotiner, dann die Visburgier jenseits des herkynischen Waldes. Andererseits wohnen östlich von den Abnobabergen unterhalb der Sueben die Kasuarier, dann die Nertereaner, dann die Lander.
Unterhalb von diesen die Turonen und Marvinger. Unterhalb der Chamaver Chatten und Tubanten und jenseits der Sudetenberge die Teuriochaimer. Am Fuß dieser Berge die Naristen. Dann kommt der Gabretawald.

Und unterhalb der Marvinger wohnen die Kurionen, dann die Chaibuorer und bis zur Donau die Parmaikauper. Am Fuß des Gabretawaldes die Markomannen, unterhalb dieser die Sudianer und bis zur Donau die Adrabaikamper.
Am Fuß des herkynischen Waldes die Quaden, unterhalb derer die Eisenbergwerke und der Lunawald liegen, unterhalb dessen ein großes Volk, die Baimer, bis zur Donau wohnen. Ihre Nachbarn längs des Flusses sind die Rakatrier und die Rakater."

Als ein weiterer beschreibt Ptolemäus, der Geograph, ausführlich die örtliche Lage der vielen germanischen Völkerschaften in Germania Magna um die Mitte des 2. Jahrhunderts nach Christi Geburt.

Die ersten sind die, die direkt ostwärts des Rheins wohnen, die nächsten die Küstenbewohner an der Nordsee, auf der kimbrischen Halbinsel und letztendlich die der südlichen Ostseeküste. Die Goten, ostwärts der Weichsel wohnend, werden nicht erwähnt. Weiterhin werden kleine, mittlere und Großvölkerschaften in Nord- Mittel- und Süddeutschland von West nach Ost benannt.
Flußverläufe, Waldstücke und Bergrücken dienen als Orientierungs- und Grenzlinien. Auf Städte geht Ptolemäus nicht ein, er hat dafür eine Extra-Karte geschaffen, die sogenannte Ortskarte, sie weist 96 Siedlungsplätze auf.

Bei den angeführten germanischen Völkerschaften handelt es sich zum einen um Kleinstvölkerschaften, die vorher und nachher keine große Rolle spielen und auch weiterhin nicht auftauchen, da sie irgendwann eliminiert wurden oder in mittleren Völkerschaften aufgingen.

Zusätzlich benennt Ptolemäus mittlere Stämme, bereits um die Zeitenwende existent, es sind z. T. jene, welche in die Großvölkerschaft „Franken" aufgehen sollten.
Zuletzt werden große Völkerschaften erwähnt, es sind diejenigen, welche anfangs des 5. Jahrhunderts an der Migration in den Südwesten Europas nolens volens teilnahmen; es fehlen die Gotenvölker.

Die Benennung der Völkerschaften des Ptolemäus findet sich auf zahlreichen Karten des 15., 16. und 17. Jahrhunderts wieder, sie geben eine Darstellung, man kann sich die örtliche Lage vorstellen.
Eine Übersicht ergibt sich aus der Tafel der Ausgabe, die sich in Besitz der Nationalbibliothek in Neapel befindet; es ist die der Landkarten der lateinisch geschriebenen Pergamenthandschrift V F 32 der Cosmographia des Ptolemäus.
Eine weitere ist die Deutschland-Karte der Ptolemäus-Mercator-Ausgabe von Amsterdam/Frankfurt am Main des Jahres 1605.

Beide weisen zudem auch Städte auf, erstere durch Darstellung von Punkten, die zweite durch symbolische Zeichen. Bezüglich richtiger örtlicher Lage der Angaben sind wohl Abstriche zu machen.

24

3.   Kimbern, Teutonen, Ambronen - ihr Marsch durch Europa

Der Wohnsitz zumindest der Kimbern befand sich nach Angaben von Schriftstellern der Antike sowie Auswertung der Karte des Ptolemäus auf der zwischen Nord- und Ostsee nach Norden sich erstreckenden Halbinsel; diese wird auch die kimbrische genannt. Der Platz der Kimbern war vornehmlich an der Nordspitze dieses Landstriches gelegen.

Die Teutonen, die sich den Kimbern während des Marsches anschlossen, hatten ihr Domizil ebenfalls in Dänemark und auch im südwestlichen Teil des Landes Mecklenburg-Vorpommern.

Als Grund der kimbrischen Wanderung wird die Auswirkung von Sturm- und Springluten angenommen. Angerichtete Schäden an Land, Habe, Nahrung und Viehhaltung waren nicht mehr auszugleichen und zu beheben. Ein weiterer Grund könnte in der Überbevölkerung gelegen haben, sprich vererbtes Land als Grundlage für eine ausreichende Existenz hatte in zu geringem Umfang zur Verfügung gestanden und ein Verbleiben nicht länger gestattet. Ob die Kimbern auf Druck feindselig gesonnener Nachbarn ihr Land verließen, sei dahingestellt, überliefert wird diesbezüglich nichts.

Verschiedene Historiker der Antike berichten über diesen Marsch der Kimbern und Teutonen und werden hier nun zitiert

Germanen und Germanien in griechischen Quellen:

Strabo (63 v. Chr. bis 26 n. Chr.; Geographic II, 102; VII, 1, 2) schreibt „über die Kimbern und Teutonen..."; auszugsweise zitiert gemäß Zusammenstellung und Erläuterung von Birgit Neuwald):

„Poseidonios vermutet, dass auch die Auswanderung der Kimbern und der mit ihnen verwandten Völker aus der Heimat durch eine Meeresflut verursacht sei, die nicht auf einmal erfolgte..."

„Andere germanische Stämme sind von geringerer Bedeutung; die Cherusker, Chatten, Gamabrivier, Chattuarier und am Ozean die Sugambrer, Chamaver, Brukterer, Kimbern, Kauker, Kaulker, Ampsianer und andere mehr..."

„Bekannt aber wurden diese Völkerschaften dadurch, dass sie gegen die Römer Krieg führten, dann sich ergaben und wieder abfielen oder auch ihren Wohnsitz verließen."

„Von den Kimbern aber sind verschiedene Meinungen in Umlauf, die zum Teil nicht richtig sind, zum Teil nicht geringe Wahrscheinlichkeiten haben.

Denn schwerlich möchte man der Ansicht zustimmen, sie seien deshalb unstet und räuberisch herumgezogen, weil sie – Bewohner einer Halbinsel – durch eine große Flut aus ihren Wohnsitzen vertrieben worden waren; denn sie haben noch dasselbe Land inne wie früher und haben an Augustus den heiligsten ihrer heutigen Kessel als Geschenk gesandt mit der Bitte um Freundschaft und Verzeihung für alles frühere, und nach Erreichung ihres Zwecks haben sie Rom verlassen. Auch ist es ja lächerlich, dass sie aus Empörung über eine immer wiederkehrende Naturerscheinung, die zweimal täglich eintritt, ihr Land verlassen haben sollten.

Überdies ähnelt es einer Fabel, dass jemals eine ungewöhnlich große Flut eingetreten sein soll; denn Flut und Ebbe bestehen darin, dass der Ozean in bestimmten Maß periodisch zu- und abnimmt."

Dies macht Poseidonius (aus Apameia/Syrien, ungefähr 135-50 v. Chr. griechischer Historiker, Naturforscher und Philosoph) mit Recht den Schriftstellern zum Vorwurf und stellt eine nicht unzutreffende Vermutung auf: die Kimbern, ein räuberisches, unstetes Volk, seien auf ihrer Heerfahrt bis an den mäotischen See gekommen und nach ihnen sei dem kimmerischen Bosporus dieser Name gegeben worden, sozusagen der kimbrische, da die Griechen die Kimbern Kimmerier nannten.

Er sagt auch, dass in früherer Zeit die Bojer den herkynischen Wald bewohnten und die Kimbern, die zu diesem Ort vorrückten, von ihnen zurückgeschlagen, sich zur Donau und zu den Skordiskern, einem gallischen Stamm wandten; dann seien sie zu den Teuristen und Tauriskern, ebenfalls Galliern, danach zu den Helvetiern, sehr reichen, aber friedfertigen Leuten, gezogen.

Als aber die Helvetier sahen, dass der durch Raub erworbene Reichtum den ihrigen übertraf, haben auch sie, in erster Linie aber die Tiguriner und Toygener, sich erhoben und seien sogar mit jenen aus ihrem Land gezogen.

Alle zusammen, die Kimbern selbst, wie auch die, die mit ihnen zogen, wurden von den Römern vernichtet; jene, als sie über die Alpen nach Italien kamen, diese jenseits der Alpen" (im Jahre 102 und 101 v. Chr.).

Germanen und Germanien in römischen Quellen:

Velleius Paterculus (römischer Geschichtsschreiber des 1. Jahrhunderts n. Chr.) schreibt in „Historia Romana" II, 12 über Kimbern und Teutonen; auszugsweise zitiert gemäß Zusammenstellung und Erläuterung von Birgit Neuwald):

„Wir bemerkten oben schon, dass eine unzählbare Menge germanischer Völker unter dem Namen Kimbern und Teutonen in unsere Grenzen eingebrochen waren.

Als diese die Konsuln Caepio und Manlius und zuvor Carbo und Silanus in Gallien geschlagen und ihnen das Lager geraubt, den Konsul Scaurus aber und noch andere Männer mit berühmten Namen getötet hatten, kannte das römische Volk keinen geeigneteren Herrführer, um so furchtbare Feinde wieder zurückzutreiben, als Marius.

Nun wurden seine Konsulate vervielfacht. Das dritte verging unter Zurüstungen zum Kriege. In diesem Jahr machte der Volkstribun Ch. Domitius den Gesetzesvorschlag, dass die Priester, die bisher durch Selbstergänzung der Kollegen ihre Stellen erhalten hatten, künftig nur vom Volke gewählt werden sollten.

Im vierten Konsulate lieferte Marius jenseits der Alpen um Aquae Sextiae den Teutonen eine Schlacht; mehr als hundertfünfzigtausend dieser Feinde wurden am ersten und zweiten Tag der Schlacht getötet und das ganze Volk vernichtet.

Während seines fünften Konsulats bestand er, unterstützt vom Prokonsul Quintus Lutatius Catulus, diesseits der Alpen auf den sogenannten Raubischen Gefilden eine nicht minder glückliche Schlacht. Mehr als hunderttausend Menschen wurden getötet oder gefangen.

Dieser glänzende Sieg des Marius scheint alles von ihm angestiftete Unheil aufgewogen und es verdient zu haben, dass der Staat ihn nicht verdammte.

Das sechste Kunsulat wurde ihm sozusagen als Belohnung für die Dienste verliehen; doch wollen wir den in diesem Konsulat erworbenen Ruhm nicht schmälern, da er als Konsul der Wut eines Servitius Glaucia und Saturnius Apuleius, die durch Beibehaltung ihrer Amtsgewalt den Staat in wilde Anarchie versetzten und mit dem Schwert und frecher Gewalt die Wahlen beherrschten, mit bewaffneter Hand Einhalt gebot und diese nichtswürdigen Menschen in der Hostilischen Kurie mit dem Tode bestrafte.

Germanen und Germanien in griechischen Quellen:

Plutarch (46 n.Chr.-120 n.Chr., griech. Schriftsteller) schreibt in „Biographien, Leben des Marius 11-27" (auszugsweise zitiert gemäß Zusammenstellung und Erläuterung von Birgit Neuwald):

„Kaum war nämlich die Meldung von Jugurthus Gefangennahme nach Rom gelangt, da breiteten sich auch schon die Gerüchte über die Teutonen und Kimbern aus. Was über Menge und Stärke der heranziehenden Heere herumgeboten wurde, fand zunächst keinen Glauben. Später stellte sich heraus, dass alle Vermutungen hinter der Wahrheit zurückgeblieben waren. Dreihunderttausend streitbare Männer zogen in Waffen heran; weitaus zahlreicher noch, so hieß es, seien die Frauen und Kinder, die dem Zug folgten. Die gewaltigen Menschenmassen waren auf der Suche nach Land, das sie ernähren, nach Städten, in denen sie sich ansiedeln und leben könnten...

Was an ihrem Weg lag, fiel ihnen als sichere Beute zu, und viele große Römerheere, welcherlei gallische Provinz jenseits der Alpen beschützen sollten, waren mit ihren Führern schmählich geschlagen worden.
Dieser schwache Widerstand vor allem hatten den Strom der Barbaren nach Italien gelockt. Sie hatten die Gegner, auf die sie bisher gestoßen waren, alle besiegt und gewaltige Reichtümer erbeutet.
Nun beschlossen sie, nirgends sich niederzulassen, ehe sie nicht Rom zerstört und Italien verwüstet hatten."

„Die Barbaren hatten sich indes in zwei Heere geteilt (102 v. Chr.). Den Kimbern fiel es zu, von Norden her durch Noricum gegen Catulus zu marschieren und dort den Zugang nach Italien zu erzwingen, die Teutonen und Ambronen sollten der Küste entlang durch das Gebiet der Ligurer gegen Marius ziehen.Der Zug der Kimbern hatte manche Unterbrechungen und rückte nur langsam vorwärts, die Teutonen und Ambronen jedoch brachen sogleich auf und marschierten ohne Aufenthalt ihrem Ziel zu.
In unübersehbaren Scharen erschienen sie vor Marius Lager. Mit Entsetzen sahen die Römer auf die schrecklichen Krieger, welche in einer Sprache lärmten, die sie noch nie vernommen hatten. Sie bedeckten einen großen Teil der Ebene, schlugen ihr Lager auf und forderten bald Marius zum Kampf heraus."
Da Marius sich nicht rührte, versuchten die Teutonen das Lager zu stürmen, wurden aber von einem Hagel von Geschossen empfangen und verloren etliche Krieger auf dem Platz."

Der Feldherr Marius lässt die Kimbern scheinbar großzügig sein Hauptquartier passieren.
In Wirklichkeit plante er, ihnen bald in den Rücken zu fallen. (kolorierter Holzstich von
Eduard Bendemann, um 1860).
Quelle: Das römische Imperium, Friedemann Bedürftig, S. 53, Verlag Naumann & Göbel.

„Da beschlossen sie weiterzuziehen, den Alpen zu, die sie sicher zu überschreiten hofften. Sie packten also ihre Habe zusammen und machten sich am römischen Lager vorbei auf den Weg. Jetzt erst konnten die Römer aus der Länge des Zuges und der Dauer des Vorbeimarsches ganz erkennen, welch ungeheuren Menschenmassen sie sich gegenübersahen.

Denn sechs Tage lang, heißt es, zogen die Germanen ohne Unterbrechung an Marius Wall vorüber.

Sie kamen dabei so nahe an den Wall, dass sie den Legionären unter lautem Lachen zurufen konnten, ob sie an ihre Frauen daheim etwas zu bestellen hätten, denn bald seien sie bei ihnen."

Als die letzten Barbaren vorbeimarschiert waren und die Germanenscharen weiterzogen, brach auch Marius auf und folgte ihnen behutsam. Er machte stets in ihrer unmittelbaren Nähe halt, wählte aber feste Lagerplätze und schützte sie durch starke Schanzen, um vor nächtlichen Überfällen sicher zu sein. So gelangten die beiden Heere bis nach Aquae Sextiae (Aix-en-Provence).

„ ... Die Römer überraschten denn auch viele, die sich's im Bad wohl sein ließen und vergnügt die Wunder des Ortes auskosteten. Nur – auf das Geschrei rannten immer mehr zusammen, und Marius konnte die Legionäre, die für ihre Knechte fürchteten, kaum mehr zurückhalten, zumal jetzt auch die streitbarsten unter den Feinden, die Ambronen, aufsprangen und zu den Waffen liefen.

Sie allein waren über dreißigtausend Mann stark und hatten seinerzeit die Römer unter Manlius und Caepio besiegt.

Obwohl sie sich eine reichliche Mahlzeit einverleibt hatten und infolge des starken Weines in angebundener fröhlicher Laune wären, stürzten sie nicht in regellos voller Hast und mit verworrenem Schlachtgeschrei heran, vielmehr schlugen sie im Takt ihre Waffen gegeneinander, rückten im gleichen Schritt vor und riefen immer wieder alle zusammen ihren Namen „Ambronen". Vielleicht wollten sie sich selber damit anfeuern, vielleicht auch die Feinde durch diesen Ruf im voraus erschrecken.

Von den Italikern rückten zuerst die Ligurer gegen sie aus. Als sie den Kampfruf der Ambronen hörten und verstanden, schrien sie ihnen entgegen, so laute auch ihre angestammter Name; denn die Ligurer nennen sich ihrer Abstammung nach Ambronen. So erhob sich der gleiche Schrei immer wieder von beiden Seiten, ehe sie mit den Waffen aneinandergerieten. Und die übrigen Krieger der beiden Heere nahmen den Ruf auf und wetteiferten darin, die Gegner zuerst zu überschreien.

So steigerte das Gebrüll ihre Kampfwut immer mehr. Der Fluß hatte die geschlossene Front der Ambronen zerrissen und nach dem Übergang fanden sie die Zeit nicht mehr, sich zusammenzuschließen. Denn kaum waren die ersten am anderen Ufer, da stürzten die Ligurer auch schon auf sie ein, und das Handgemenge war im Gange.

Die Römer eilten den Ligurern zur Hilfe, warfen sich von der Höhe herab auf die Barbaren und brachten sie durch die Wucht ihres Angriffs zum Zurückweichen. Die meisten ließen sie noch am Fluß nieder, wo sich die Feinde im Gedränge stießen und traten, und füllten ihn mit Blut und Leichen.

Dann überquerten sie das Wasser und setzten das Gemetzel am jenseitigen Ufer fort, denn die Ambronen wagten nicht mehr, sich ihnen zuzuwenden und flohen der Wagenburg und ihrem Lager zu.

Dort aber kamen ihnen die Frauen entgegen, mit Schwertern und Äxten in den Händen, und stürzten sich mit gellendem Wutschrei auf die Fliehenden wie auf die Verfolger, auf die einen als Verräter, auf die anderen als Feinde.

Sie warfen sich mitten im Kampfgetümmel, rissen den Römern mit bloßen

Händen die Schilde weg und packten ihre Schwerter, ließen sich verwunden und in Stücke hauen, bis zum Tod unbesiegt in ihrem Mut.
So soll es denn zu dieser Schlacht am Fluß mehr durch Zufall als durch Marius' Plan gekommen sein."

„So erwarteten denn die Römer die den Berg hinaufstürmenden Feinde und hielten ihrem Aufprall stand, stemmten sich dann ihrer Phalaux entgegen und drängten sie Schritt für Schritt in die Ebene zurück.

Schon wollten sich im flachen Gelände die vordersten Germanen zu neuem Angriff ordnen, da erscholl aus den hintersten Reihen wirres Geschrei. Marcello hatte den richtigen Augenblick wahrgenommen und war, als das Getöse der Schlacht über die Hügel drang, mit seinen Leuten aufgebrochen.
Jetzt fielen diese im Sturmschritt und mit lautem Kampfgeschrei den Feinden in den Rücken und machten die Hintersten nieder. Schon gerieten die nächstvorderen Linien in Unordnung und bald verbreitete sich die Verwirrung über das ganze Heer. Die Teutonen, von vorn und hinten bedrängt, hielten nicht mehr lange stand, ihre Reihen lösten sich auf und flohen bald. Hinter ihnen her jagten die Römer.
Über hunderttausend Mann wurden von den Verfolgern niedergemacht oder gefangen genommen, auch fielen die Zelte und Wagen samt aller Habe der Feinde in ihre Hände."

„Über die Gabe am Marius und die Zahl der Gefallenen sind sich die Historiker freilich nicht einig. Doch haben, den Berichten zufolge, die Bewohner von Massalia (Marseille) mit den Gebeinen der Toten ihre Weingärten eingezäunt und die Erde wurde durch die verwesenden Leichen und die winterlichen Regengüsse so fett und bis tief hinunter mit Fäulnisstoffen gesättigt, dass aus ihr Ernten von nie erhörter Fülle heranreiften.So habe sich das Wort des Archilochos bestätigt, dass eine Schlacht „die Fluren düngt"."

„Catulus, der den Kimbern das Eindringen nach Italien verwehren sollte, hatte auf die Sperre der Alpenpässe verzichtet, um sein Heer nicht aufzusplittern und dadurch seine Schlagkraft zu schwächen. Er war wieder gegen das italische Land hinabgezogen und hinter die Etsch zurückgegangen. Hier wollte er den Feinden den Übergang sperren und errichtete zu beiden Seiten des Flusses stark befestigte Schanzen. Er schlug auch eine Brücke über die Furt, um den Soldaten am anderen Ufer Hilfe bringen zu können, wenn die Barbaren durch die Pässe gegen die römische Verteidigungsstellung losstürmen sollten ...
Den meisten römischen Soldaten schwand der Mut, sie ließen das große Lager im Stich und wollten abziehen.

In dieser Stunde bewies Catulus jene Feldherrngröße, die den eignen Ruhm opfert, um die Ehre der Mitbürger zu retten. Denn als er sah, dass alle seine Vorstellungen die Soldaten nicht zum Bleiben bewegen konnten, weil die Angst ihnen im Nacken saß und sie vorwärts trieb, da ließ er den Adler aufnehmen, eilte an die Spitze der Ausreißer und und zog ihnen voran. Die Schande sollte auf ihn, nicht auf das Vaterland fallen, die Aufgabe der Stellung als vom Feldherrn befohlener Rückzug, nicht als Flucht erscheinen.

Die Barbaren indes griffen das römische Kastell am jenseitigen Etschufer an und erstürmten es, der Besatzung gewährten sie aufgrund eines Vertrages den freuen Abzug; denn sie anerkannten voller Bewunderung, dass sie sich tapfer gewehrt und für ihr Vaterland Ehre eingelegt hätten.

Man beschwor den Vertrag beim ehernen Stier, der später unter der Kimbernbeute wiedergefunden wurde und nach der Schlacht im Haus des Catulus aufgestellt wurde, die prächtigste Ehrengabe für den Sieg.

Nun überschwemmten die Kimbern raubend und plündernd das von allem Schutz entblößte Land..."

Auch er, Marius, rief seine eigenen Truppen aus Gallien zu sich. Nach ihrer Ankunft überschritt er den Po, um die Barbaren daran zu hindern, noch weiter nach Süden vorzudringen. Die Kimbern jedoch wichen dem Kampf aus unter dem Vorwand, sie wollten auf die Teutonen warten und seien sehr erstaunt, dass sie sich noch nicht blicken ließen.

"Er erteilte einen Befehl, und die Könige der Teutonen wurden in Ketten vorgeführt. Sie waren auf der Flucht durch die Alpen den Sequanern in die Hände gefallen. Als die Kimbern diese Nachricht erhielten, rückten sie sogleich auf Marius los; dieser aber rührte sich nicht in seinem Lager...
Der Kimbernkönig Boiorix ritt nun mit kleinem Gefolge vor das römische Lager und forderte Marius auf, herauszukommen und mit ihm um das Land zu kämpfen.

Tag und Ort des Treffens möge er selber festsetzen. Marius gab zur Antwort, die Römer hatten noch nie vor einer Schlacht ihre Feinde zu Rate gezogen, doch wolle er den Kimbern den Gefallen tun.

So bestimmten sie dann als Zeitpunkt für den Kampf am übernächsten Tag und als Schlachtfeld die Ebene von Vercellae (Vercelli), auf der die römischen Reiter frei ausschwärmen und die Barbaren ihre Truppenmassen entfalten konnten.
Getreu der Abmachung traten die beiden Gegner zur vereinbarten Zeit zum Kampf an.

Catulus - er verfügte über 20.300 Soldaten - stand im Zentrum der römischen Schlachtlinie, während Marius Truppen in der Stärke von 32.000 Mann auf beiden Flügeln verteilt waren ...

Das Fußvolk der Kimbern rückte langsam und ohne Lärm auf den Verschanzungen heraus und marschierte auf zu einem regelmäßigen Viereck, dessen Seiten je dreißig Stadien (5.550 m) maßen. Prächtig gerüstet zogen ihre Reiter heran, 15.000 an der Zahl...

Es erhob sich, wie sich denken lässt, eine riesige Staubwolke und verhüllte die vorrückenden Armeen. Als nun Marius zur Verfolgung ansetzte und seine Legionen mit sich fortriss, geschah es, dass er die Feinde verfehlte, an ihrer Linie vorbeistürmte und lange suchend in der Ebene umherirrte.

Die Barbaren aber stießen im Vorrücken auf Catulus und seine Truppen, sodass diese den Sieg vor allem entschieden.

... Und doch gerieten noch mehr als 60.000 Menschen in Gefangenschaft. Die Zahl der Toten soll doppelt so groß gewesen sein."

Germanen und Germanien in griechischen Quellen:

Appian (2. Jahrhundert n. Chr.) schreibt in "Römische Geschichte 13", auszugsweise zitiert gemäß Zusammenstellung und Erläuterung von Birgit Neuwald):

„Eine große Schar Teutonen war beutegierig in das Land der Noriker eingedrungen, daher besetzte der römische Konsul Papirius Carbo aus Angst, sie würden auch Italien überfallen, den Alpenpass, an dem der Übergang ganz besonders eng war. (113 v. Chr.)

Daher die Gegner nicht angriffen, zog er ihnen selbst entgegen und beklagte sich, dass sie in das Gebiet der Noriker, Freunde der Römer eingefallen seien. Es war nämlich Taktik der Römer, andere Völker zu Freunden zu machen, denen sie zwar die entsprechende Bezeichnung verliehen, nicht aber als Bundesgenossen Hilfe leisten mussten.

Als nun Carbo heranrückte, schickten die Teutonen Gesandte zu ihm mit der Erklärung, sie hätten von dem freundschaftlichen Verhältnis der Noriker zu den Römern nichts gewusst und wollten sie in Zukunft unbehelligt lassen. Der Konsul sparte den Gesandten gegenüber nicht mit Lob und gab ihnen sogar Führer mit auf die Heimreise, befahl diesen aber heimlich mit den Barbaren einen Umweg einzuschlagen.

Er selbst zog unterdessen eilends auf einem kürzeren Weg heran und griff die Teutonen unvermutet an, die noch rasteten.

Doch büßte er seine Treulosigkeit mit schweren Verlusten. Vielleicht hätte er sogar ein ganzes Heer verloren, wenn nicht noch während des Kampfes Dunkelheit und ein Gewitterregen mit furchtbaren Blitzschlägen hereingebrochen wären und die Kämpfenden getrennt hätten, so dass die Schlacht durch ein himmlisches Eingreifen beendet wurde.

Dennoch konnten sich die Römer nur in kleinen Gruppen in die Wälder flüchten und erst am dritten Tag wieder mühsam sammeln. Die Teutonen aber schlugen den Weg nach Gallien ein."

Germanen und Germanien in römischen Quellen

Florus (Mitte des 2. Jahrhunderts n. Chr.) schreibt in "Kriege gegen die Kimbern, Teutonen, Tiguriner I, 38"; auszugsweise zitiert gemäß Zusammenstellung und Erläuterung von Birgit Neuwald):

„Die Kimbern, Teutonen und Tiguriner, die von den äußersten Grenzen Galliens her auf der Flucht waren, da der Ozean ihre Wohnsitze überflutet hatte, suchten auf der ganzen Erde nach neuen Wohnsitzen, und als sie, aus Gallien wie aus Spanien verdrängt, nach Italien wandern wollten, schickten sie Gesandte in das Lager des Gilanus und von da an den Senat mit der Bitte, dass das Volk des Mars ihnen etwas Land als Sold gäbe...

Daher versuchten jene Völker, als sie abgewiesen wurden, was sie durch Bitten nicht vermocht hatten, durch Waffen zu erreichen.

Sowenig wie Silanus den ersten Angriff der Barbaren, konnte Manlius den zweiten oder Caepio den dritten aushalten; sie alle wurden geschlagen und verloren sogar ihr Lager...

Und ihrer Drohung entsprechend, zogen sie in den drei Abteilungen zu den Alpen, d. h. zu den Toren Italiens.

Marius schlug sogleich mit wunderbarer Schnelligkeit den kürzesten Weg nach Italien ein, kam dem Feind zuvor und erreichte zuerst die Teutonen unmittelbar am Fuß der Alpen und schlug sie an einer Stelle, die Aquae Sextiae heißt – Dank sei den Göttern!..

Als die Teutonen völlig vernichtet waren, wandte man sich gegen die Kimbern...Sie trafen auf einer weiten Ebene, die man die raudische nennt, zusammen (bei Vercellae). Dort fielen 64.700 Kimbern.

Die dritte Heeresabteilung der Germanen, die Tiguriner, die gewissermaßen als Reserve die Berge der Norischen Alpen besetzt hatten, entrannen nach verschiedenen Richtungen und verschwanden durch unrühmliche Flucht und auf Raubzügen.

Germanen und Germanien in römischen Quellen

Orosius (frühes 5. Jahrhundert n. Chr.) schreibt in "Historia adversus paganos V, 16, 1-21"; auszugsweise zitiert gemäß Zusammenstellung und Erläuterung von Birgit Neuwald):

„Im 642. Jahr von der Gründung der Stadt an wurden der Konsul Gaius Manlius und der Prokonsul Quintus Caepio gegen die Kimbern, Teutonen, Tiguriner und Ambronen, gallisch-germanische Völker, die sich damals zur Vernichtung des römischen Reiches verschworen hatten, entsandt.
Sie teilten sich die Befehlsbereiche an der Rhone. Als sie dort in gehässigster Missgunst und heftigster Erbitterung miteinander stritten, wurden sie unter großer Schmach und Gefahr für das römische Volk besiegt.
Es wurden bei diesem Kampf der ehemalige Konsul Marcus Aemilius gefangen und getötet, es fielen zwei Söhne des Konsuls.

Wie Antias schreibt, wurden bei diesem Anlass 80.000 Römer und Bundesgenossen niedergemetzelt, 40.000 Trossknechte und Marketender getötet. Es sollen von dem genannten Heer sage und schreibe nur zehn Menschen übrig geblieben sein, um die unglückliche Botschaft zur Steigerung des Elends zu überbringen...

Außerordentlich war damals in Rom nicht nur die Trauer, sondern auch die Furcht, dass die Kimbern unverzüglich die Alpen überschreiten und Italien zerstören würden.

Marius, zum vierten Mal Konsul, schlug beim Zusammenfluss von Isara und Rhodanus ein Lager auf.
Nachdem sich die Teutonen, Kimbern, Tiguriner und Ambronen drei Tage lang nahe beim Lager der Römer nachhaltig darum bemüht hatten, sie auf irgendeine Weise aus der Umwallung herauszulocken und sie aufs freie Feld hinauszudrängen, beschlossen sie, in drei Heerhaufen anzugreifen.

... Als sich nun zuerst die Trossknechte mit Geschrei in den Kampf stürzten, folgte das Heer auf dem Fuß. Bald wurde in regelrechter Schlacht mit geschlossenen Reihen gekämpft. Dabei siegten die Römer.
Als am vierten Tage die beiderseitigen Schlachtreihen wieder auf die Ebene geführt wurden, kämpften sie bis zum Mittag mit beinahe gleichem Erfolg.

Sobald die durch die heiß werdende Sonne erschlafften Körper der Gallier wie Schnee dahinschmolzen, zog sich bis in die Nacht dann ein Morden mehr als ein Kampf hin. 20.000 Bewaffnete wurden in dieser Schlacht getötet, 80.000 gefangen. Kaum 3.000 sollen entkommen sein.

Dies war das Schicksal der Tuguriner und Ambronen.

Die Teutonen aber und Kimbern, die ohne Verluste die Schneeberge der Alpen durchzogen hatten, waren in die Ebenen Italien gelangt.

.. wurde Marius, zum fünften mal Konsul und Catulus gegen sie entsandt...

... Nachdem der Tag für den Kampf und das Schlachtfeld bestimmt waren...

So geschah es, dass eine so große und schreckenerregende Masse bei ganz geringen Verlusten der Römer, jedoch unter eigner völliger Vernichtung, niedergemacht wurde."

140.000 Gallier sollen damals im Kampf getötet, 60.000 gefangen worden sein. Die Könige Lugius und Boiorix fielen auf den Schlachtfeld, Claodicus und Caesorir wurden gegangen.

Insgesamt wurden in diesen beiden Schlachten, abgesehen von der unzähligen Menge der Frauen, die sich und ihre Kinder in weiblicher Raserei, jedoch mit männlicher Kraft getötet hatten, 340.000 Gallier getötet und 140.000 gefangen.

Wie gelesen, berichteten Historiker der Antike über die Migration der germanischen Völkerschaften, Kimbern, Teutonen, Ambronen und Tiguriner. Ihnen lagen mehr oder weniger authentische Berichte, Zahlen und Ergebnisse vor, sodass sie zeitlich dichter oder entfernter am Geschehen jeweils sachgerechter bzw. wahrheitsgemäßer überliefern konnten.

Inwieweit Staatsgeheimnisse „die letzten Wahrheiten" verhinderten, sei dahingestellt, auch die Gesichtswahrung in etwa römischer Führungskräfte, ihres Führungshandelns und der Ergebnisse dürften zu berücksichtigen sein, wenn man heutzutage, soweit überhaupt noch möglich, dem tatsächlichen Geschehen näherkommen will.

Fazit: römische Erfolge leuchten hell, germanische weniger.

Auch liegen des öfteren nur Fragmente des ursprünglich Überlieferten vor, alles hat uns auch deshalb nicht erreicht, weil es verloren gegangen oder bewusst zurückgehalten war. Man glaubt nicht, welch große Rolle verletzte Eitelkeit spielt. Wir können uns also nur aus dem, was uns vorliegt, einen Reim machen.

Ein kurzer Überblick über das Schlachtgeschehen jener Jahre, verbunden mit dem Versuch der Skizzierung des Verlaufes des Marschweges, soll nun folgen.

Jene angeführten Völker, woher kamen sie, welche Wege passierten sie, was geschah entlang ihrer Marschroute, welches Ziel erreichten sie, wo gingen sie unter?

Ein möglicher **zeitlicher Ablauf des Schlachtgeschehens** könnte wie folgt aussehen.

120 v. Chr.: Kimbern verlassen den heutigen Norden Dänemarks und nehmen unterwegs Ambronen, Teutonen und Tiguriner auf, die sich dem „Sog nach Süden" anschließen.

114 v. Chr.: Schlacht in Höhe des heutigen Fünfkirchen in Ungarn, im Donau-Drave Winkel, gegen Cato in Verbindung mit Skordiskern.

113 v. Chr.: Schlacht bei Noreia/Noricum im heutigen Bundesland Kärnten des österreichischen Staates zwischen Römern und Teutonen; es unterliegen die römischen Kräfte unter Führung des Papirius Carbo, seines Zeichens Konsul.

109 v. Chr.: Einbruch der Kimbern und Teutonen in Gallien, Schlacht gegen die Römer in der Nähe des späteren Lugdunum/Lyon, sie endet mit der Niederlage des Silanus.

107 v. Chr.: Niederlage der Römer unter Cassius Louginus und Aurelius Scaurus in der Schlacht gegen die Tiguriner bei Aginum (dem heutigen Agen) an der Garonne (Frankreich).

105 v. Chr., 6.10.: Niederlage der Konsuln Caepio und Manlius bei Arausio (Orange), 80.000 tote römische Legionäre, 40.000 tote römische Trossknechte und Marketender.
Das Heer der Germanen setzte sich aus Kimbern und Ambronen zusammen.

102 v. Chr.: Marius, der neue Heerführer der Römer, besiegt bei Aquae Sextiae (Zusammenfluss Isere/Rhone) Teutonen und Ambronen nachhaltig, die Germanen verzeichnen 200.000 Tote und 80.000 Gefangene.

101 v. Chr., 30.8.: Marius Catulus besiegt in einer zweiten gewaltigen Schlacht die Kimbern bei Vercellae (oder Ferrara?)
Dieses Mal verloren 140.000 kimbrische Germanen ihr Leben, 60.000 gerieten in Gefangenschaft. Frauen töteten ihre Kinder und gaben sich dann selbst den Tod.

Nach der Zeitreise durch das Schlachtenjahrzehnt zwischen Kimbern, Teutonen und Römern folgt nun der Versuch der Aufzeichnung der einzelnen Stationen des Todesmarsches dieser germanischen Völkerschaften.

Mit allem anderen werden sie sicherlich gerechnet haben, als sie zu ihrer Wanderschaft nach neuen Ufern aufbrachen, nur nicht damit, dass sie jeder Tag den Römern – und damit dem Tode – näher bringen würde.

Die Kimbern als germanischer Volksstamm siedelten bis zu ihrer mit Masse erfolgten Auswanderung in Jütland, im Norden des heutigen Dänemarks. Die kimbrische Halbinsel nördlich der Elbe, die Nord- und Ostsee spaltet, war zu jeder Zeit den Meeresfluten, der Ebbe und der Flut an ihrer Westseite ausgesetzt.

Ursprünglich war die Halbinsel im westlichen Teil mindestens um ein Drittes des heutigen Landgebietes breiter, dieses Drittel verlor sie in Form von Landabbrüchen durch heftige Sturmfluten – in Erinnerung sind die überlieferten von 1170, 1362 und 1634 n. Chr.

Die zuvor stattgefundenen, nicht überlieferten Sturmfluten haben in Verbindung mit auftretenden Missernten den Lebensraum der Kimbern wenig attraktiv werden lassen.

Nur einige wenige blieben, zahllose Landsleute schlossen sich zusammen und traten den Marsch ins „gelobte Land" an.Wohin die Reise ging, war vage; auf alle Fälle in den sonnigen Süden, sicherlich würde man dort Land und Saaten erhalten können. Hoffnungsvoll trat man also an, bis einen die grausame Wirklichkeit ergriff.

Wahrscheinlich marschierte der Treck entlang des sogenannten „Heer"- und „Ochsenweges", vom Ausgangspunkt durch die kimbrische Halbinsel nach Süden, dabei unterwegs die im Gebiet des heutigen Amrums siedelnden Ambronen aufnehmend.

Ein Hauptstrang führte als Heerweg von Viborg in Nordjütland über Baekte, Vejen, Jels, Vojens, Rödekro, Toldstedt, Bov, Flensburg, Danewerk, Nübel, Jevenstedt nach Neumünster.

Vermutlich verließen die Kimbern/Ambronen den Hauptstrang in Höhe Neumünster, um ihren Marsch in südostwärtige Richtung über das spätere Lübeck ins Mecklenburgische fortzusetzen. Dort traf man auf die Teutonen, die in den Marschverband aufgenommen wurden.

Der Weg durch Mecklenburg-Vorpommern von der Landesgrenze Schleswig-Holstein bis zum Westufer der Oder, Viadrus fürzeiten Suevus, könnte die nachstehend aufgeführten Städte – von Westen nach Osten – berührt haben; es sind Coenoenum, Alisius und Viritium. Ptolemäus nennt sie Kennenon (Koinoenon), Alisos und Wiration. Im Gebiet der Pharobeni wurde die Spree überquert.

Damit waren Kimbern und Teutonen an der Oder, einer von nun ab für's erste sicheren Führungs- und Leitlinie durch den von den Illyrern inzwischen verlassenen Siedlungsbereich. An der Oder wohnten die Sideni.

Auf dem Marsch entlang der Oder bis nach Schlesien erwarteten die germanischen Völkerschaften zunächst keine Probleme mit irgendwelchen Feinden.

Entlang der Oder passierte man die damaligen Städte/Ortschaften/Siedlungsplätze Limiosaleum, Budorigum, Budorgis bis zum Erreichen des Hercynischen Waldes (Sudeten). Die Bezeichnung gemäß Ptolemäus lautet Limiosaleon, Budorigon und Budorgis.
Im erweiterten keltischen Siedlungsraum (heutiges Tschechien und Slowakei), der einen schwachen Gürtel des Hauptsiedlungsraumes der Kelten darstellte, stieß man auf die Bojer; durch sie wurden Kimbern und Teutonen zurückgeschlagen, sie wichen nach Südosten aus.

Durch die Mährische Pforte gelangte der Zug nun entlang der March, weiter nach Süden strebend, zur Donau, die bald überquert wurde.
Man erreichte ein Gebiet südlich Budapest im Raum Fünfkirchen, wo für 114 v. Chr. eine Schlacht verzeichnet ist. Geschehen und Örtlichkeit waren Überlieferungen nicht entnehmbar.

Für 113 v. Chr. ist dann die Schlacht der Kimbern mit den Römern in Noricum, bei Noreia, überliefert, eine Schlacht, die unter hinterlistigen Machenschaften der Römer zustande kam und gerechterweise für diese bitter endete.

Die Kimbern hatten ihre Marschrichtung gedreht, sie wanderten nach Westen und hatten das Siedlungsgebiet zwischen den keltischen Skordiskern und Tauriskern erreicht. Der Marsch entlang der Alpen, durch das Alpengebiet hatte begonnen.

Der Weg nach Westen nahm seinen Anfang vermutlich in Mursa und folgte der Dravetalstraße bis Poetovio. Nun folgte man entweder dem Flussverlauf und gelangte nach Virunum oder was auch möglich war, man benutzte die Route nach Ovilava, Iuvavum, Pons Aeni und Augusta Vindelicum, womit man in Kürze an der Donau war, die ins helvetische Gebiet führte.

Auf dem Weg nach Westen waren die germanischen Völkerschaften, die Kimbern, Teutonen und Ambronen, nun ins Kernland des keltischen Siedlungsbereichs gelangt, wo in Helvetien die Teilstämme Tiguriner und Tugener zu ihnen stießen und sich ihnen anschlossen. Diese Teilstämme waren Teile der Helvetier, die Tigurini mit der Hauptstadt Tigurum (Zürich) und die Tugini mit der Hauptstadt Zug.

Mit dieser Verstärkung gelangte der gewaltige Migrationszug der Germanen durch die später sogenannte Burgundische Pforte – nachdem der Rhein bei Basel überschritten worden war – entlang des Doubs und der Saône ins Rhonetal und war damit schon mitten in Gallien.

109 v. Chr. werden die sich entgegenstellenden Römer unter Silanus bei Lugdunum besiegt.

Nach dieser Schlacht trennte sich der gewaltige Germanenzug und bildete drei Marschsäulen.

Die Teutonen marschierten zunächst nach Südwesten, anschließend nach Nordwesten, die Loire überquerend, bis zur Seine, wo sie für's erste verblieben.

Die Tiguriner marschierten ebenfalls nach Südwesten bis Höhe Burdigala, das spätere Bordeaux; daraufhin setzte man den Marsch in südostwärtige Richtung fort, entlang der Garonne. In Aginum (Agen) kam es 107 v. Chr. zu einer Schlacht mit römischen Kräften unter Cassius Longinus und Aurelius Scaurus, die Römer unterlagen.

Auch Kimbern und Ambronen waren inzwischen nach Süden unterwegs, sie trafen 105 v. Chr. in Arausio an der Rhone auf römische Legionäre. Letztmalig gelang den Germanen ein großer Sieg über die Römer – gegen die Konsuln Caepio und Manlius.

Diese Gruppe wandte sich nun nach Spanien, überquerte Pyrenäen und Ebro, wurden dort nicht angenommen, sondern in die Richtung zurückgedrängt, aus der sie gekommen waren.

Entlang der französischen Atlantikküste wurden die Garonne und die Loire überquert, weiter ging's nach Norden bis zur Seine, wo man sich um 103 v. Chr. mit den Teutonen vereinte. Die von Spanien und Gallien abgewiesenen Landsucher entschlossen sich nun, nach Italien zu marschieren. Anfangs geschlossen, wanderte man in südostwärtige Richtung, überquerte die Seine nach Süden und trennte sich dann in Höhe Auxerre.

Während Teutonen und Ambronen in südostwärtige Richtung auf die Rhone zu zogen, schlugen die Kimbern die ostwärtige Richtung ein, auf den Rhein zu.

Die Teutonen/Ambronen gingen entlang der Rhone nach Süden, überquerten diese, um dann über die Alpen nach Italien zu ziehen. Dabei gelangten sie nach Aquae Sextiae, wo es im Jahre 102 v. Chr. dann gegen Ligurer und Römer unter Führung des Marius zur alles entscheidenden Schlacht kam. Die Römer siegten auf ganzer Linie.

Die Kimbern fanden von Norden her durch Noricum Eingang nach Italien. Die Sperrung der Übergangspässe wurde seitens der Römer unterlassen, so konnten die Kimbern die Alpen relativ problemlos nach Süden passieren.
An der Etsch besiegten sie eine kleine römische Mannschaft eines Kastells und überschwemmten dann das entblößte Land.
In der Poebene bei Vercellae zwischen Mailand und Turin trafen die Germanen dann im Jahre 101 v. Chr. ein letztes Mal auf römische Truppen, unter Marius. Den kimbrischen Germanen wurde der Garaus gemacht.

Zwar hatten Kimbern und Teutonen in den Kämpfen mit den Römern mächtig, tapfer und unerschrocken gegengehalten - letztendlich unterlagen sie jedoch. Vielleicht war ihre Trennung ein Fehler gewesen, vielleicht hätten sie noch vereint eine größere und erfolgsversprechendere Chance in der Auseinandersetzung gehabt.
Bei den Römern erzeugten sie gewaltigen Respekt, eine panische Angst; Rom bekam somit einen Vorgeschmack auf Künftiges.

Als erste Reaktion war das römische Verhalten vom Überlebenskampf her sicher vertretbar, aber schließlich zeigte sich, dass es in späteren Zeiten nicht mehr ausreichen würde. Immerhin hatte sich Rom eine Atempause verschafft.

Das Umdenken, eine Neuorientierung im Verhalten gegenüber den Germanen setzt jedoch erst ein, als Eroberungspläne endgültig gescheitert waren – in Richtung Germania Magna.
Nun erst war man bereit, Land und Saaten abzugeben, im Gegenzug dafür forderte Rom von den Germanen Verteidigungsleistungen an seinen Grenzen gegen künftige germanische Anstürme.
Franken wie Goten wurden in späteren Zeiten in die römische Politik eingebunden, sie handelten als „Partner" (Foederati) gemeinsam mit Rom.

Schließlich war Westrom am Ende seiner Kraft, verlor seine Hoheit und Germanen etablierten sich auf römischem Territorium.

4. Die westgermanische Wanderung

Um etwa 1000 v. Chr., siedelten germanische Völkerschaften im Norden Mitteleuropas, in Norwegen, Schweden, Dänemark, auf der kimbrischen Halbinsel, im nördlichen Niedersachsen sowie im westlichen Mecklenburg-Vorpommern.Dieser Zustand währte etwa über das gesamte Jahrtausend vor Christi Geburt.

Im Elbegebiet wohnten Ingväonen und Hermionen, hart ostwärts des Rheins die Istväonen. Diese germanischen Völkerschaften grenzten in ihrem südlichen Bereich an keltischen Siedlungsraum, im Osten an illyrischen.

Zu den Ingväonen zählt C. Plinius Secundus der Ältere die Kimbern und Teutonen, die auf Wanderungszügen zwischen 120-100 v. Chr. durch römische Legionäre im Alpenraum vernichtet wurden, sowie die Völkerschaften der kleinen und großen Chauker.

Mit diesem Marsch der Kimbern/Teutonen wird erstmals eine Nordsüdwanderbewegung im europäischen Raum dokumentiert.
Die Gründe für die Migration der Kimbern liegen im Klima, in den wiederkehrenden Naturgewalten und ihren zerstörenden Folgen für Land, Leute und deren Habe, die man nicht länger zu ertragen gewillt war. Neben weniger rauhem und sonnigerem Klima im südlichen Europa lockte die Kimbern/Teutonen auch die Teilhabe an den bekanntgewordenen zivilisatorischen Errungenschaften der Römer.
Das Motiv „besseres Leben" galt - auch für nachfolgend germanische Ost-West Wanderungen. Die Art, wie ihnen die Menschen im Westen und Süden Europas, federführend die Römer, begegneten, war wenig einladend, sie wollten ihren erreichten Standard nicht mit jenen teilen.

Zu den Istväonen zählt Plinius die Sugambrer, des Weiteren führt er die Hermionen an, die sich aus Sueben, Hermunduren, Chatten und Cheruskern zusammensetzen.

Diese Völkerschaften, im 2. Jahrtausend vor Christus an der Elbe siedelnd, sind es, die mit ihren Untergruppen nach Westen an den Rhein und nach Süden an die Donau vorstoßen und damit die westgermanische Wanderung einleiten.
Sie wandern im Laufe des 1. Jahrtausends vor Christi Geburt von Osten her in den Siedlungsraum der keltischen Völkerschaften.

Die weiteren zwei Gruppen, die Plinius für den Osten Germania Magnas benennt, die Völkerschaften ostwärts der Elbe, sind im Norden die Vandiler mit den Burgodionen, Varinern, Charinern und Gutonen.Zur zweiten Gruppe zählen die im Süden siedelnden Peukiner und Bastarnen.

Aus diesen aufgeführten Völkerschaften rekrutieren sich später die Teilnehmer der ostgermanischen Wanderung des späten 4. Jahrhunderts nach Christus.
Es kann davon ausgegangen werden, dass mit Abzug der westgermanischen Völkerschaften vom Siedlungsraum an der Elbe der nun frei gewordene Raum nach und nach durch Teile der ostgermanischen Völker wie Vandalen, Burgunder aufgefüllt wurde.
Bastarnen und Goten wanderten zunächst in südostwärtige Richtung, bis ans „Schwarze Meer".

Es ist nicht auszuschließen, dass die Goten dort verblieben wären, wären sie nicht zur Zwangsmigration nach Westen ins Römische Imperiums genötigt worden und die Geschichte wäre zweifellos anders abgelaufen.

Das war die Migrationslage im 1. Jahrtausend v. Chr. in Mitteleuropa.

Die Römer drangen in der 2. Hälfte des 1. Jahrhunderts v. Chr. in den keltischen Siedlungsraum, sprich Gallien, ein – sei es, um dem Römischen Imperium ein weiteres Gebiet einzuverleiben, sei es aber auch um zugleich aus strategischen Gründen jenseits der Alpen ein sicher beherrschtes Vorfeld, eine Pufferzone zu haben.

Gegen Ende des 2. Jahrhunderts v. Chr. waren es dann Kimbern, Teutonen, Ambronen und Tiguriner, die inzwischen in Gallien von Norden her einmarschiert waren auf ihrem Migrationsweg, und denen sich nun die Römer, speziell im Rhonetal und später in Norditalien, auseinandersetzen mussten, wollten sie ihre erreichte Position halten.

Nach verlustreicher, aber dann endgültiger Niederringung dieser Germanengruppen unter Marius war es dann in weiterem Verlauf des Geschehens Caesar, der das keltische Land, Gallien, für Rom in den Jahren 58-51 v. Chr. endgültig eroberte; es wurde zu einer der erfolgreichsten römischen Provinzen entwickelt, sicherlich aber auch unter Einbeziehung der vorgefundenen gewachsenen keltischen Errungenschaften.

Die römische Herrschaft dehnte sich bis zur Zeitenwende bis an den Rhein aus. An den Rhein waren inzwischen auch die Germanen der westgermanischen Wanderungswelle gelangt.

Unbeobachtetes, wie auch unbeachtetes Überschreiten des Rheins gab es fortan für die Germanen nicht mehr. Dem Drang nach Westen war Einhalt geboten.

Damit hatten die Römer vorerst das Heft in der Hand und sie hatten für Ruhe bzw. Unruhe in diesem Bereich gesorgt, linksrheinisch war ihr Beritt und es erfolgte dort eine Entwicklung in römischen Sinne, nach römischem Muster; rechtsrheinisch liefen die Germanen auf, weitere Völkerschaften drängten von Osten her nach, einen Abfluss oder ein Zurück gab es nicht. Im Innern Germaniens kündigte sich ein Brodeln für die nahe und mittlere Zukunft an.

Die während der Jahrhunderte bis etwa 50 v. Chr. nach Westen und Südwesten gewanderten Ingwäonen, Istwäonen und Hermionen waren im Bereich der keltischen Siedlungsräume am Rhein angelangt. So siedelten im Norden als Ingwäonen die Chauken, Friesen, Angrivarier, Bructerer, Bataver (Teilstamm der Chatten) und Aduatuker (Restvölkerschaften der Kimbern, Teutonen und Ambronen).
Zu den Istwäonen zählten die Sugambrer, Ubier, vielleicht auch noch die Nervier und Treverer.

Die dritte große an den Rhein strebende Völkerschaft war die der Hermionen, ebenfalls ins Keltische eindringend. Zu ihnen zählten Cherusker, Chatten, Sueben, Neckarsweben, sowie Hermunduren, Markomannen und Quaden; vielleicht auch noch Wangionen, Nemeter und Triboker.
Während diese Völkerschaften den Rhein erreicht hatten, gelangten in ihr ehemaliges Gebiet Langobarden, Semuonen als erste, später kamen hinzu Burgunder und Vandalen.

Nach den Überlieferungen des Plinius folgen nun diejenigen **Berichte über Germanen und Germanien des Tacitus** (Cornelius Tacitus, „Germania", auszugsweise zitiert gemäß Caesar – Tacitus; herausgegeben von Alexander Heine).
In dem Abschnitt „Die Stämme der Germanen" listet Tacitus alle ihm bekannten germanischen wie gallischen Völkerschaften auf.Dabei geht er systemischer vor, geordnet von West nach Ost und von Süd nach Nord über das gesamte Germania Magna. Für die Rheinregion vermeldet er:

Vangionen	Bataver
Triboker	Friesen
Nemeter	Mattiaker
Ubier	

Über Bataver und Mattiaker weiß er folgendes zu berichten: „Unter allen diesen Völkern sind die ersten an Tapferkeit die Bataver. Sie bewohnen einen kleinen Teil der Ufergegend sowie die Insel des Rheinstroms. Einst waren sie ein Zweig der Chatten, und wanderten erst wegen einheimischer Zwiespälte in diese Gegend aus, um darin mit zum römischen Reich zu kommen.
Noch hat die Ehre und Auszeichnung alter Bundesgenossenschaft Bestand: kein Tribut erniedrigt sie, kein Steuerpächter saugt sie aus. Frei von Lasten und Lieferungen ausgesondert, um nur in Schlachten verwendet zu werden, spart man sie wie Wehr und Waffen für die Kriege auf."

„In denselben Abhängigkeitsverhältnis steht auch der Stamm der Mattiaker. Denn über den Rhein und die alten Grenzen hinaus hat die Größe des Römervolkes die Ehrfurcht vor seiner Herrschaft auszudehnen gewusst. So leben sie, was Wohnsitz und Gebiet betrifft, auf ihrem Uferlande, mit Herz und Sinn für uns, im übrigen den Batavern ähnlich, nur dass sie schon infolge der Bodenbeschaffenheit und des Klimas ihres Landes noch geweckteren Sinnes sind."

Anschließend widmet sich Tacitus den germanischen Völkerschaften, die jenseits der Agri Decumates ihre Wohnsitzehaben.

Tacitus beginnt mit den Chatten, die er wie folgt beschreibt: „Dieses Volk hat einen festeren Körperbau, gedrungene Glieder, eine drohenden Blick und größere Regsamkeit des Geistes. Groß ist, für Germanen, ihr Verstand und ihre Gewandtheit. Sie wählen sich ihre Befehlshaber, leisten ihnen dann Gehorsam, kennen Reih und Glied, nehmen Gelegenheiten wahr, verschieben den Angriff, machen ihre Einteilung für den Tag, Umwallung für die Nacht, halten Glück für etwas Ungewisses, Tapferkeit für das Gewisse und rechnen, was so selten und sonst nur römischer Kriegszucht gegeben ist, mehr auf den Feldherrn als auf das Heer.
Ihre ganze Stärke besteht im Fußvolk, welches sie außer den Waffen auch noch mit Eisengerät und Mundvorrat belasten."

Tacitus zählt des Weiteren auf und skizziert kurz:
Usiper, Brukterer, Chamaver, Angrivarier, Tenkterer, Dulgubuier, Chasuarier.

Natürlich wünscht sich Rom viele „romfreundlich" gesinnte Völkerschaften, für andere hat er folgendes übrig: „Möchte doch, so flehe ich, diesen Völkern bleiben und fortbestehen, wenn nicht Liebe zu uns, so doch Hass widereinander, weil bei dem drohenden Verhängnis des Reiches das Schicksal uns nichts Größeres gewähren kann, als die Zwietracht der Feinde."

Für den mittleren Teil Germania Magnas benennt und beschreibt Tacitus:

Chauken und Cherusker

Es folgen die Sueben, unterteilt in:

Semnonen	Reudigner	Hermunduren
Langobarden	Angeln	Variner

„Dieser Teil der Sueben nun erstreckt sich in das entlegenere Gebiet Germaniens hinein. Näher – um, wie kurz zuvor dem Rheine, so jetzt der Donau zu folgen – wohnt die Völkerschaft der Hermunduren, den Römern treu ergeben, weshalb sie auch die einzigen Germanen sind, die nicht nur am Ufer, sondern auch im Innern und selbst in der glänzendsten Koloniestadt der Provinz Rätien Handelsverkehr treiben.
Überall und ohne Wächter kommen sie herüber und während wir den übrigen Stämmen nur unsere Waffen und Lager zeigen, haben wir diesen, auch ohne ihr Verlangen, unsere Wohnungen und Landhäuser eröffnet."

Nach den Hermunduren nennt Tacitus germanische Völkerschaften, sesshaft im Donaugebiet:

Naristen	Markomanen	Quaden

„Neben den Hermunduren wohnen die Naristen und dann die Markomanen und Quaden.Ausgezeichnet ist der Markomanen Ruhm und Stärke, und selbst ihren Wohnsitz haben sie sich, nachdem sie einst die Bojer vertrieben hatten, erst durch Tapferkeit errungen.
Auch die Naristen und Quaden sind nicht entartet, und so bilden diese alle gewissermaßen die Vormauer Germaniens an der Donau entlang."

Als Kleinvölkerschaften im Anschluss hören wir von:

Marsignern
Cotinern
Osen
Burern

Darauf von Lugiern (Sammelbegriff):

Hariern	Helvekonen
Manimern	Eligiern
Nahanarvalen	

Als letztes größeres Volk jenseits der Lugier folgen die Gotonen. Bleibt anzumerken, dass Burgunder und Vandalen unerwähnt bleiben.

Während C. Plinius Secundus wohl um 70 n. Chr. seine Beschreibung der germanischen Völkerschaften in seinem Werk „Naturkunde", Buch 4, verfasst, überliefert Tacitus eine entsprechende Version in seinem Werk „Germania"etwa um 100 n.Chr.

Da nur ca. 30 Jahre zwischen beiden Veröffentlichungen liegen und Wanderungsbewegungen größerer Natur nicht vermeldet wurden, dürften gemeinsame Feststellungen in beiden Werken aufzufinden sein. Unterschiede finden sich natürlich gleichermaßen.

Die drei durch Plinius verwendeten Oberbegriffe für Völkerschaften wie Ingwäonen, Istwäonen und Hermionen tauchen in der Schrift des Tacitus nicht mehr auf, wohl hingegen Gutonen und Peukiner/Bastarnen als Peuciner – deren germanischen Charakter Tacitus anzweifelt.

Während es Plinius kurz und bündig bei einer Benennung einer nur geringen Zahl germanischer Stämme belässt, führt Tacitus mindestens die dreifache Zahl an, zudem beschreibt er deren Charakter. Parallelen gibt es in der Benennung bedeutender Völkerschaften wie Kimbern, Teutonen, Chauken, Sueben, Hermunduren, Chatten, Cherusker. Auch die örtliche Lagebeschreibung stimmt überein.

Als dritte Fundstelle tritt nun die Karte des C. Ptolemäus aus dem Jahr 150 n. Chr. auf den Plan – eine Karte, aus der weitere Einzelheiten entnommen werden können.

Wir finden folgende fünf „Großgruppen" in Germania.Magna:

Suebi Langobardi, Suebi Semnones, Suebi Angili, Lugi, Bastarnae.

Alle, mit Ausnahme letzterer, haben eine Zusammensetzung aus mittleren, kleinen und kleinsten Teilstämmen.

Ptolemäus überliefert wohl an die siebzig Stämme, doppelt so viele wie Tacitus vor fünfzig Jahren, ein Zeichen für einen erheblich erweiterten Kenntnisstand Roms über Germania.Magna. Stämme von Bedeutung, die auch bei Ptolemäus wieder in Erscheinung treten, sind folgende:

Cauchi Angrivarii, Cherusci, Burgunter, Gythones, Bructeri, Chattae, Quadi, Bastarnae, Frisii, Marcomani, Sygambri.

Weitere kleinere und Kleinststämme waren Tacitus verwunderlich unbekannt, wahrscheinlich tauchten sie im Laufe der Zeit anlässlich der ständigen Ost-West-Wanderungen im Blickfeld des Ptolemäus auf und fanden in seiner Karte Erwähnung.

Gegen Ende des 2. Jahrhunderts n. Chr. waren jene näher an den Rhein gelangt, wo die Wanderungsbewegung durch die „Barriere Rhein", auf Veranlassung der Römer, vorerst zu einem Halt kam.

Weiteres Eigenleben erschien aufgrund der künftigen Absicht, in Gallien einzufallen, nicht mehr opportun, viele der germanischen Stämme gingen in den Großverbänden auf. Nur so würde es möglich sein, gegen Rom erfolgreich aufzutrumpfen.

So schälten sich heraus: Sachsen, Franken, Semnonen, Alamannen.

Etwa zwischen 230-400 n. Chr. rannten diese geballten Kräfte immer wieder erneut gegen das römische Bollwerk am Rhein an, mehr oder weniger von Erfolg gekrönt. Hin und her wogte das Geschehen, der große Durchbruch gelang nicht, wohl aber viele Einbrüche und Rom hatte alle Hände voll zu tun, Paroli zu bieten und die Position zu halten.

Besondere Treffen zwischen Alamannen und Römern fanden wie folgt statt:

233/34 n. Chr.	Limesdurchbruch
259/60 n. Chr.	Limesdurchbruch, Besetzung von Teilen des Dekumatlandes
350 n. Chr.	Überquerung des Oberrheins

Einfälle der Franken in römisches Gebiet:

257 n. Chr.	Überfälle der Franken gegen Grenzbefestigungen, Vorstoß gegen Gelduba
290 n. Chr.	Franken besetzen Rheininseln
356 n. Chr.	Überfälle der Franken auf römische Städte am Rhein
388 n. Chr.	Franken durchbrechen den niedergermanischen Limes

Überfälle der Seesachsen auf gallisches Gebiet:

285/86 n. Chr.	Plünderung der Ortschaften an der Küste der römischen Provinz Gallien
350 n. Chr.	Eroberung des Gebiets Selland an der Ijssel von den salischenFranken
294,313 n. Chr.	Piratenzüge der Sachsen; Bekämpfung durch Constantinus I. mit dem Ziel sie aus Bataverland zurückzudrängen
355 n. Chr.	Julian schlägt Sachsen zurück, rückerobert Köln

Ein Rückblick auf die Zeit zwischen der Vernichtung der Kimbern und Teutonen im Jahre 102/101 v. Chr. und der Rheinbesetzung unter Augustus scheint an dieser Stelle geboten.

Erreichbares Ziel für beide, also für römische und germanische Kulturen, Völkerschaften und Staaten war Gallien, das keltische Gallien. Die Römer wollten es aufgrund seines Reichtums, des Zuwachses an Leuten, seiner Ressourcen und als Absatzmarkt und Schutzgebiet in Verlängerung der Alpen nach Westen, das waren ihre Motive. Für die Germanen war es das „gelobte Land, wo Milch und Honig fließen".

Kimbern und Teutonen waren zwar gescheitert, aber die Kunde war bei den übrigen Germanen ostwärts des Rheins angekommen, auch sie waren erpicht auf Gallien, später Spanien, Italien – die Gründe sind bekannt.
Zu diesem Zeitpunkt bereits waren die Römer in Gallien schon eifrig am Werk, den Germanen voraus; sie hatten klare Vorstellungen bezüglich Staatsbildung und verwaltungsmäßig geordnetem Gemeinwesen. In Südostfrankreich hatten sie die „Provincia Romana" eingerichtet.
Das romfreie Restgallien setzte sich zusammen aus Belgium, Gallia Celtica und Aquitania.

Zwar waren die Germanen bereits am Rhein und überquerten ihn auch mit noch geringen Kräften, allerdings nur kurzfristig, weitere Schritte waren noch nicht eingeleitet.
Auch Rom hatte den Rhein noch nicht besetzt, eine Sperre gegen die „germanische Invasion" stellte er noch nicht dar.Lediglich Caesar führte zwei Paukenschläge durch, indem er 55 u. 53 v. Chr. jeweils den Rhein mit Legionären nach Osten überquerte, romfreundliche Germanen stützte, romfeindliche abstrafte und somit Macht, Stärke und Präsenz des Imperiums anklingen ließ.
Kurz zuvor war seitens der Germanen der Swebe Ariovist den Oberrhein überquerend in Gallien eingedrungen.

Caesars Ziel musste es nun sein, Gallien bis zum Rhein schnellstmöglich für Rom zu vereinnahmen und den Rhein als Sperrriegel vorzusehen. 58 v. Chr. wurde Ariovist durch Caesar bei Mühlhausen besiegt und über den Rhein nach Osten zurückgedrängt. Von 58-51 v. Chr. eroberte Caesar Gallien für Rom, der für die Germanen vorher freie Zugang und Möglichkeit des Besetzens bzw. Durchmarsches durch Gallien war nun erst einmal in weite Ferne gerückt, wenn nicht gar nicht mehr vorstellbar.

Die Unterstellung Galliens unter die römische Oberhoheit – mit Sicherungslinie Rhein – erfolgte zur Zeitenwende unter Augustus.
Rom war den Germanen diesbezüglich zuvorgekommen. Germanische Stämme hatten es ebenfalls zu diesem Zeitpunkt vorgehabt. Wahrscheinlich

war es zunächst einmal um Lebensraum für germanische Völkerschaften gegangen, vielleicht nur um Durchzugsmöglichkeiten – eine Staatsbildung unter germanischer Oberhoheit durfte für Gallien um die Zeitenwende noch nicht akut gewesen sein.

Rom ging sogleich an die Gliederung seines neu eroberten Gebiets, im Laufe der Zeit wurden eingerichtet:

- Germania Inferior
- Germania Superior
- Belgica
- Gallia Lugdunensis
- Aquitania
- Gallia Narbounensis

Um die Zeitenwende hatte Rom unter Augustus, angeführt durch Drusus, das westliche Rheinufer durch Kastelle vorläufig gesichert.
Rom ging jetzt noch einen Schritt weiter, plante und nahm die Eroberung des germanischen Gebiets zwischen Rhein und Elbe mit dem Ziel der Errichtung einer „Provicia Germania" in Angriff.

Die Römer drangen über den Rhein nach Osten vor, erzielten gegen die Germanen Anfangserfolge, doch die Umsetzung des Gesamtkonzepts schlug mit der Niederlage des Varus gegen den Cherusker Arminius letztendlich fehl, denn sowohl die gesicherte Vorverlegung des römischen Machtbereichs vom Rhein zur Elbe als auch die Einverleibung der von Nordwesten nach Südosten verlaufenden Beckenreihe, sprich Elbe-Weser-Becken/Dreieck, Thüringer Becken, Böhmisches Becken und damit die Errichtung einer römischen Provinz innerhalb dieses Gebiets wurden nicht erreicht. Dieser Vorgang dauerte ca. 30 Jahre, ehe Rom sich geschlagen gab und vom ursprünglichen Plan aus Staatsräson Abstand nahm.
Der Rhein wurde zur Reichs-Verteidigungsgrenze, Aufmarsch- und Bereitstellungslinie war er nicht mehr.
Bei den Germanen bildeten sich im Anschluss die Großvölkerschaften der Sachsen, Franken, Alamannen.

Während quasi als zweite Welle Langobarden, Semnonen und Hermunduren Richtung Rhein an Raum gewannen und weitere langobardische Teile, Obier und Markomanen die Donau erreichten, setzten sich als dritte Wanderungswelle Burgunder und Vandalen aus ihren bis dato „ostdeutschen" Wohnsitzen in Bewegung.

5. Die ostgermanische Wanderung

Mit Beginn der sogenannten „Völkerwanderung" um 375 n. Chr. ergab sich im deutschen Siedlungsraum folgende Dislozierung germanischer Völkerschaften:

Im Norden: Frisii, Angli, Saxones, Langobardi,

in der Mitte: Hermunduren,

im Süden: Alamanni, Burgundi, Juthungi, Markomani,

zwischen Elbe u. Oder: Vandali Silingi, Vandali Asdingi, und

im Südosten: Quadi, Gepidae, Visigothi, Ostrogothi, Heruli, Alani.

In diese Konstellation brausten unversehens aus dem Nichts die Hunnen hinein, sie wirbelten alle Völkerschaften durcheinander und entfachten ein unbeschreibliches Chaos. Römer wie Germanen wurden überrascht, überrumpelt.

Die bisherige Ordnung des römischen Reichs geriet zunächst an den Grenzen Rhein und Donau ins Wanken, die von den Hunnen nach Westen und Süden getriebenen Germanen brachen nun ins Römische Reich ein, nolens volens.

Das weströmische Reich brach zusammen, Germanenreiche entstanden fortan auf rauchenden Trümmern.

Ostrom widerstand kraft seiner geschickten Politik gegenüber den Hunnen und kam relativ glimpflich davon.

Die Hunnen

Ammian Marcellin schrieb in „Römische Geschichte" Vierter Teil, Buch 31, Kapitel 2 (auszugsweise zitiert gemäß Übersetzung und Kommentierung von Wolfgang Seyfarth):

„Das Volk der Hunnen ist in allen Schriften nur wenig bekannt.Es wohnt jenseits des Mäotischen Sees, nahe dem Eismeer und lebt im Zustand unbeschreiblicher Wildheit.

Alle besitzen sie gedrungene und starke Glieder und einen muskulösen Nacken und sind so entsetzlich entstellt und gekrümmt, dass man sie für zweibeinige Bestien oder für Figuren aus Blöcken halten könnte, wie sie für die Seitenbegrenzung von Brücken roh behauen werden. Bei ihrer reizlosen Menschengestalt sind sie durch ihre Lebensweise so abgehärtet, dass sie keines Feuers und keiner gewürzten Speise bedürfen, sondern von den Wurzeln wilder Kräuter und dem halbrohen Fleisch von jedwedem Getier leben, das sie zwischen ihre Schenkel und den Pferderücken legen und etwas erwärmen.

Sie kennen niemals den Schutz von Gebäuden, meiden solche vielmehr wie Gräber, die vom allgemeinen Verkehr völlig abgeschieden sind. Auch kann man bei ihnen nicht einmal eine gedeckte Hütte finden, sondern ruhelos schweifen sie durch Berge und Wälder und sind von klein auf gewöhnt, Kälte, Hunger und Durst zu ertragen. Nur wenn die äußerste Notwendigkeit sie zwingt, gehen sie in der Fremde unter ein Dach, denn sie glauben, unter Dächern nicht sicher zu sein. Sie kleiden sich in linnene Gewänder oder solche, die aus Fellen von Waldmäusen zusammengenäht sind, und haben keine besondere Kleidung für den Hausgebrauch und außerhalb des Hauses, sondern wenn sie einmal den Kopf in ein solches Hemd von schmutziger Farbe gesteckt haben, legen sie es erst ab oder wechseln es, wenn es durch langen Verschleiß in Fetzen aufgelöst und zerfallen ist.

Den Kopf bedecken sie mit einer runden Kappe und schützen die behaarten Beine mit Ziegenfellen. Ihre Schuhe werden nicht auf Leisten gepasst und hindern sie daran, frei auszuschreiten.

Deswegen sind sie zu Fußkämpfern ungeeignet, aber auf ihren abgehärteten, doch unschönen Pferden sitzen sie wie angegossen und reiten auf ihnen bisweilen im Frauensitz, wenn sie ihre natürlichen Bedürfnisse erledigen.

Von einem Pferd aus kauft und verkauft jedermann in diesem Volk bei Tag und Nacht, nimmt sein Essen und Getränk zu sich und gibt sich auf den schmalen Hals des Tieres gebeugt, tiefem Schlaf hin und erlebt dabei die verschiedensten Träume.

Wenn eine Beratung über wichtige Dinge angesetzt ist, beraten sie alle gemeinsam in dieser Haltung. Sie lassen sich aber durch keine königliche Strenge führen, sondern begnügen sich mit improvisierter Führung von Häuptlingen und so überwinden sie jedes Hindernis.

Bei Kämpfen fordern sie den Gegner zuweilen heraus und beginnen das Gefecht mit ihm in geschlossenen Abteilungen, wobei ihre Stimmen furchtbar ertönen. Da sie für schnelle Bewegungen leicht bewaffnet sind und unerwartet auftauchen, können sie sich absichtlich plötzlich auseinanderzugehen und ihre Reihen lockern wie in einer ungeordneten Aufstellung. Ein furchtbares Blutbad anrichtend, galoppieren sie hin und her, und wegen ihrer gewaltigen Schnelligkeit sieht man sie kaum, wenn sie in eine Befestigung eindringen oder ein feindliches Lager plündern.

Man möchte sie aus dem Grund die furchtbarsten von allen Kriegern nennen, weil sie im Fernkampf mit Pfeilen kämpfen, die mit spitzen Knochen anstelle von Pfeilspitzen mit wunderbarer Kunstfertigkeit zusammengefügt sind, ... im Nahkampf aber mit der Waffe ohne Rücksicht auf sich selbst fechten.

Der Hunnensturm. Quelle: Deutsche Geschichte, L. Stacke, 1880 (S. 89), Verlag von Velhagen & Klasing

Während sie den gefährlichen Schwerthieben ausweichen, fangen sie ihre Feinde mit geflochtenen Lassos, umschnüren die Glieder der Widerstrebenden und machen es ihnen damit unmöglich, zu reiten oder zu gehen.

Niemand pflügt bei ihnen oder berührt jemals den Pflug. Denn sie alle kennen keine festen Wohnsitze, sondern schweifen umher, ohne Haus, ohne Gesetz und feste Lebensweise, immer wie auf der Flucht mit ihren Wagen, auf denen sie wohnen.

Hier nähen ihre Frauen für sie die schmutzigen Kleidungsstücke, hier paaren sie sich mit ihren Männern, gebären ihre Kinder und ziehen sie bis zur Mannbarkeit auf.

Niemand bei ihnen kann auf die Frage, woher er stamme, eine Antwort geben, denn irgendwo wurde er gezeugt, weit fort davon geboren und in noch größerer Entfernung erzogen.

Im Falle eines Waffenstillstands treulos, sind sie bei jedem Hauch einer neu sich zeigenden Hoffnung ständig leicht erregbar und geben sich ganz ihrer Raserei hin.

Wie Tiere, die keinen Verstand haben, kennen sie keinen Begriff von Ehre und Ehrlosigkeit, führen zweideutige und dunkle Reden und unterliegen keinem Einfluß von Ehrerbietung vor einer Religion oder auch nur einem Aberglauben. Doch brennen sie von unmäßiger Begierde nach Gold.

So wankelmütig sind sie und ihr Zorn ist so leicht erregbar, dass sie sich oft an ein und demselben Tag ohne jegliche Ursache von ihren Bundesgenossen trennen und sich ebenso schnell wieder versöhnen, ohne dass jemand sie besänftigt."

Kommentar des Wolfgang Seyfarth zu der Herkunft der Hunnen:

„Von der wirklichen Heimat der Hunnen weiß Ammianus Marcellinus nichts. Auch später reicht das Wissen europäischer Autoren nicht über Attila hinaus. Dagegen berichtet die älteste Überlieferung der Chinesen, dass die Hunnen im 3. Jahrtausend vor unserer Zeitrechnung Nachbarn der Chinesen waren, die damals in die Provinzen Sen-si und San-si einwanderten, d.h. die Hunnen saßen damals im südlichen Randgebiet der Wüste Gobi. Auf den alten Volksnamen Hiun oder Hun führt die chinesische Bezeichnung Hiung-nu, Sklaven von Hiung. In der Tanaisregion wurden die Alanen 53 v.Chr. Nachbarn der Hunnen, die nach Westen vordrangen. Eine neue Verschiebung nach Westen erfolgte im Jahr 375, als Hunnen unter Balambers Führung zusammen mit den Alanen den Don überschritten.
Die Flut brandete an den Karpaten zurück. Dieses zweite Hunnenreich deckt sich territorial ziemlich genau mit dem ostgotischen Kernland.
Der Hauptteil der Ostgoten zog westwärts, die zurückgebliebenen unterwarfen sich der hunnischen Herrschaft."

Neben Ammian Marcellin überlieferte **Orosius** Einzelheiten über den Beginn des Hunneneinfalls. Orosius schrieb in „Die antike Weltgeschichte in christlicher Sicht", Band II, Kapitel 33, Ziffer 10 (auszugsweise zitiert gemäß Herausgabe von Carl Andresen, Manfred Furhmann, Olof Gigon, Erich Hornung und Walter Ruegg):

„Von plötzlicher Wut aufgebracht, ergrimmte das lange in unzulänglichen Gebirgen eingeschlossene Volk der Hunnen gegen die Goten und vertrieb sie im planlosen Durcheinander von ihren angestammten Wohnsitzen.
Die nach Überschreitung der Donau fliehenden, von Valeus ohne irgendeine vertragliche Abmachung aufgenommenen Goten übergaben den Römern nicht einmal ihre Waffen, wodurch man sich den Barbaren um so sicherer überließ."

In Kapitel 34, Ziffer 5, heißt es: „So vertraute Theodosius für die Wiederher-stellung des durch den Zorn Gottes schwer heimgesuchten Staates auf die Barmherzigkeit Gottes. Sein ganzes Vertrauen auf den Beistand Christi setzend, griff er jene sehr starken skythischen Völkerschaften, die von allen Vorfahren – nach dem Zeugnis des Pompeius und Cornelius sogar von jenem Alexander dem Großen – gemieden wurden, die jetzt aber nach Vernichtung des römischen Heeres mit römischen Pferden und Waffen bestens ausgerüstet waren, nämlich die Alanen, Hunnen und Goten, ohne Zögern an und besiegte sie in zahlreichen, schweren Schlachten."

Und in Kapitel 37, Ziffer 3: „Ich schweige von den häufigen Zerfleischungen der Barbaren selbst untereinander, da sich zwei Heerscharen der Goten gegenseitig, dann die Alanen und Hunnen in verschiedenen Gemetzeln vernichteten."

Jordanis schreibt in „Gotengeschichte", Kapitel XXIV (auszugsweise zitiert gemäß Übersetzung Dr. Wilhelm Martens, herausgegeben von Alexander Heine):

„Nach nicht langer Zeit, wie Orosius berichtet, brach das Volk der Hunnen, das über alle Begriffe roh und wild ist, gegen die Goten los.
Über ihren Ursprung haben wir folgenden Bericht vom Altertum übernommen: Filimer, König der Goten, Sohn Gadarichs des Großen, nach der Auswanderung aus der Insel Skandza der fünfte Beherrscher der Goten, der auch, wie oben von uns berichtet wurde, mit seinem Volk nach Scythien zog, erfuhr von dem Aufenthalt gewisser Zauberweiber in seinem Volk, die er selbst in seiner Muttersprache Halirurunnen nennt. Da er sie für verdächtig hielt, vertrieb er sie und nötigte sie, fern von seinem Heer in Einöden umherzuirren. Dort wurden sie von unreinen Geistern, als sie in der Wüste umherschweiften, erblickt; diese begatteten sich mit ihnen und umarmten sie, und so entstand dieses wilde Geschlecht.

Zuerst hielten sie sich zwischen den Sümpfen auf, ein unansehnliches, hässliches und kleines, kaum menschenähnliches Geschlecht, an keiner Sprache erkenntlich außer an einem Etwas, das den Schein einer menschlichen Sprache durchblicken ließ.

Diese Hunnen also, von solchem Ursprung, näherten sich dem Gebiet der Goten. Ihr wilder Stamm saß, nach dem Bericht des Geschichtsschreibers Priskus, auf der jenseitigen Küste des Mäotischen Sumpfmeeres, ohne irgendwelche Beschäftigung zu kennen außer der Jagd; nur dass sie, nachdem sie zu einem Volk herangewachsen waren, die Reihe ihrer Nachbarvölker durch Raub und Hinterlist beeinträchtigten.

Als – wie es so geht – Männer von diesem Volk auf die Jagd ausgezogen an der inneren Küste des Mäotis, bemerkten sie, wie unversehens eine Hindin sich zeigte, die in den Sumpf ging und bald weiterschreitend, dann wieder haltend, ihnen den Wegweisen machte.

Die Jäger folgten ihr und gingen zu Fuß durch das Mäotische Sumpfmeer, das sie bisher wie ein wirkliches Meer für undurchgänglich gehalten hatten. Danach, als scythischer Boden den Landfremden vor Augen lag, verschwand die Hindin. Dies hatten meiner Meinung nach jene Geister von denen sie entsprossen sind, aus Feindschaft gegen die Scythen getan.

Jene Hunnen aber, die bisher nicht gewusst, dass es noch eine andere Welt gebe außer der Mäotischen, wurden von Bewunderung über das scythische Land ergriffen und scharfsinnig wie sie sind, meinten sie, dieser niemandem vorher bekannte Weg sei ihnen durch göttliche Fügung gezeigt worden.

Sie kehrten zu den ihrigen zurück, berichteten ihnen den Verlauf der Sache, rühmten Scythien, überredeten ihr Volk und eilten auf dem Weg, den sie unter Führung der Hindin kennen gelernt hatten, nach Scythien, brachten alle, denen sie beim Zug nach Scythien begegneten, als Siegesopfer dar, die übrigen unterwarfen sie.

Hierauf überschritten sie jenen ungeheuren Sumpf, rissen sogleich wie eine Art Völkerwirbelwind die Alcildzuren, Itimaren, Tunkarser und Boisker, welche die Küste in jenem Teil von Scythien bewohnten, mit sich fort. Auch die Halanen, die ihnen im Kampf gewachsen, an Gesittung aber, Lebensweise und Schönheit des Körperbaus verschieden waren, suchten sie mit wiederholten Kämpfen heim und unterwarfen sie.

Denn auch die, welchen sie im Krieg vielleicht nicht überlegen waren, erfüllten sie mit Entsetzen durch das Schreckliche ihres Anblicks und jagten sie durch ihr furchtbares Aussehen in die Flucht; sie hatten nämlich ein schreckliches, schwärzliches Aussehen und wenn man so sagen darf, gewissermaßen einen abscheulichen Klumpen und kein Gesicht, eher Punkte als Augen.

Ihre Verwegenheit verrät schon ihr grimmiger Anblick, da sie sogar gleich am Tag der Geburt ihren Kindern ihre Grausamkeit zeigen. Denn den männlichen durchschneiden sie mit Eisen die Wangen, um sie, noch ehe sie Milch genießen, Wunden ertragen zu lehren.
Daher bleiben sie bartlos bis in ihr Alter und erreichen das Mannesalter ohne Bartschmuck, weil das von Schnitten durchfurchte Gesicht die rechtzeitige Verschönerung des Bartwuchses durch die Narben verhindert.

Sie sind unanschaulich, aber flink und ausgezeichnete Reiter. Sie sind breitschulterig und geübt für Bogen und Pfeile; ihr Nacken ist stark und immer emporgerichtet vor Stolz. In der Gestalt von Menschen leben sie in tierischer Wildheit.

Als die Goten dieses kampfrüstige Volk, das schon viele Stämme vernichtet hatte, sahen, erschraken sie und berieten sich mit ihrem König, wie sie sich einen solchen Feind entzögen.

Zwar hatte der Gotenkönig Hermanarich, wie wir oben berichtet haben, über viele Völker triumphiert; als er sich jedoch Gedanken machte wegen der Ankunft der Hunnen, gelang es dem treulosen Volk der Rosomonen, das ihm damals mit anderen untertan war, ihn auf folgende Weise zu hintergehen.

Als er eine Frau namens Sunilda aus eben diesem Volk im Zorn über die trügerische Flucht ihres Mannes hatte an wilde Pferde binden und so auseinanderreißen lassen, rächten ihre Brüder Sarus und Amusius der Schwester Tod und stachen dem Hermanarich mit dem Schwert in die Seite.

Infolge dieser Wunde schleppte dieser bei siechem Körper ein elendes Dasein dahin.

Die Zeit der Krankheit des Königs benutzte der Hunnenkönig Balamber und rückte mit einem schlagfertigen Heer in das Gebiet der Ostrogoten ein, von denen die Wesegoten infolge gegenseitiger Eifersucht getrennt waren. Da starb Hermanarich, der ebenso wenig den Schmerz seiner Wunde als die Einfälle der Hunnen ertragen konnte, hochbetagt und lebenssatt im 110. Lebensjahr.

Sein Tod gab den Hunnen die Übermacht über die Goten, die, wie erwähnt, im Osten saßen und Ostrogoten hießen."

Auf dem Ritt durch Europa von Ost nach West prallten die Hunnenscharen auf mehrere germanische Völkerschaften, die anschließend entweder mit ihnen ritten oder aber, durch sie aus ihren Wohnsitzen verdrängt, ins Römische Reich flohen. Dabei handelt es sich um die Alanen, die ostwärts der Wolga, Höhe Wolgograd lebten und zwar als Nachbarn der Ostgoten.

Diese Ostgoten lebten im Verbund mit den Herulern zwischen 200 und 375 n. Chr. zwischen den Flüssen Dnjepr als Ostgrenze und Dnjestr als Westgrenze.

Westlich des Dnjestrund nördlich der unteren Donau siedelten die Westgoten mit den Gepiden zur gleichen Zeit. Diese Völker erhielten quasi als erste den Hauptstoß der Hunnen, die so genannte „Völkerwanderung" nahm damit ihren Anfang.

Neben Westgoten und Ostgoten waren es dann noch die Vandalen die ins römische Reich einbrachen, es zum Einsturz brachten und auf den Trümmern des inzwischen ausgerufenen weströmischen Reiches eigene Staaten errichteten, während die Hunnen bis nach Gallien verwüstend zogen, aufgehalten wurden, über Italien nach Ungarn zurückfluteten und nach dem Tod ihres großen Führers Attila in der Folgezeit sich als Staatsgebilde auflösten.

Als Nebeneffekt ergab sich, dass auch die übrigen im deutschen Raum siedelnden Germanenvölker ihr langersehntes Vorhaben, das die Römer bis dato immer wieder erneut verhindert hatten, in die Tat umsetzen konnten, nämlich den Marsch ins südwestliche Europa, wo sie sich ein besseres Leben erhofften. Gemeint sind u.a. Sueben, Burgunden, Alamannen, Franken, letztendlich Langobarden. Sogar die weit im Norden lebenden Angeln, Sachsen und Jüten brachen auf, ihr Ziel wurde England.

Nach landläufiger Meinung ergibt sich als Ausgangspunkt der Wanderung der Hunnen das südliche Randgebiet der Wüste Gobi. Von dort drangen sie nach Westen vor und wurden um 50 v. Chr. Nachbarn der Alanen in der Tanaisregion.

Ammian Marcellin schrieb: „Als die Hunnen das Gebiet der Alanen, der Grenznachbarn der Ostgoten, durchzogen und eine ganze Anzahl von ihnen niedergemacht hatten, beschlossen die übrigen Alanen, sich durch ein Bündnis mit den Siegern zu retten. Mit ihnen verbündet, brachen die Hunnen nun umso zuversichtlicher und in jahem Ungestüm in die sich weit und offen ausbreitenden Gaue Ermanerichs ein."

So hatten sie, die einst selbst nach Westen abgedrängten Hunnenstämme, etwa für 300 Jahre in den Steppen um den Aralsees ihr Nomadenleben verbracht. Warum nun der Fortzug nach Westen?

Übermäßig starker Frost ließ ein weiteres Überleben an diesem Platz um die 70iger Jahre des 4. Jahrhunderts n. Chr. nicht zu. So querten sie die Wolga nach Westen und gelangten wiederum zu Alanen, einem dem Ursprung nach iranischen Steppenvolk, damals auch nördlich des Kaukasus lebend.

Ammian Marcellin beschrieb diese so:

„...den Hunnen recht ähnlich, aber gemäßigter in ihrer Lebensart und Tracht."

Auch die den Römern als Christen bekannten Alanen bewegten sich in den Jahren n. Chr. und hielten sich südlich des „Kaspischen Meeres", am „Schwarzen Meer" und nördlich der Donau auf. Sie brachen verschiedentlich in römisches Territorium ein, wie Armenien, Kappadokien und Donauprovinzen, doch den Römern war es jeweils gelungen, sie zurückzudrängen.

Die Alanen waren bewehrt mit Schwertern, beritten mit robusten und ausdauernden Pferden, weiterhin führten sie Doggen mit sich, „canis Alani".

375 n. Chr. überquerten die Hunnen, mit ihnen die Alanen, auf ihrem Weg nach Westen den Fluss Don.

Somit gelangten sie in den Siedlungsraum der Ostgoten, es kam zu Kämpfen. Während die Masse der Ostgoten sich nach Westen absetzte, unterwarfen sich Teile den Hunnen und kämpften fortan unter ihnen.

Ammian Marcellin schrieb weiter: „Die Hunnen überfielen also das Land der Alanen, die als Grenznachbarn der Grentungen (Ostgoten) gewöhnlich die Tanaitischen hießen (=am Don Lebende), töteten und beraubten viele und gliederten sich den Rest durch Beistandsvertrag ein.
Mit ihnen zusammen überrannten sie in einem plötzlichen Angriff keck die weitgedehnten, reichen Gaue des Königs Ermenrichus (Ermanerich), der als ein sehr kriegerischer Herr und durch seine zahlreichen, verschiedenartigen Heldentaten bei den Nachbarvölkern einen gefürchteten Namen hatte."

„Der gewaltige, plötzlich aufkommende Hunnensturm traf Ermenerichus zwar schwer, doch versuchte er lange Zeit, entschlossen Widerstand zu leisten, bis schließlich umlaufende Gerüchte die Furchtbarkeit der drohenden Gefahren noch weiter steigerten und er durch Selbstmord der Furcht vor den großen Entscheidungen ein Ende setzte."

„Nach dem Tod des Ermenrichus wurde Vithimiris zum König gewählt, der im Vertrauen auf andere, von ihm in Sold genommene Hunnen sich eine Zeit lang gegen die Alanen behauptete.
Doch musste auch er schließlich zahlreiche Niederlagen hinnehmen und fand durch die Übermacht der Waffen den Schlachtentod."

„Die Kürze der Zeit vereitelte jedoch alle Versuche der Goten, dem Kampf eine Wendung zu geben; sie mussten der Hoffnung auf erfolgreichen Widerstand gegen die Hunnen entsagen und sich vorsichtig absetzen.
Dabei kamen sie an den Dnjestr; der sich zwischen Dnjepr und Donau durch weitgedehnte Ebenen dahinzieht."

Soviel wird über das erste Treffen der Hunnen mit den Ostgoten berichtet. Westlich von diesen siedelten bekanntlich die Westgoten, auch Terwingen oder Visigoten genannt, unter Athanarich (Athanari(c)us). Auch auf ihr Gebiet ergoss sich nun die Hunnenflut.

„Der Herrscher der Terwingen Athanarich erfuhr von diesen unerwarteten Vorgängen ... Jetzt versuchte er, in fester Stellung zu verharren, und wollte sich auf seine eigene Macht stützen, falls auch er, wie die übrigen, zum Kampf herausgefordert würde.
Schließlich ließ er nahe am Ufer des Dnjestr, in weiter Entfernung von der Verteidigungslinie der Greuthungen an günstiger Stelle – „Greuthungorum

vallo", entspricht dem „Oberen Wall" in Bessarabien/Moldawien gemäß Deutung von R. Vulkan (aus Kommentar Wolfgang Seyfarth, 31. Buch, 34 S. 359 f) – ein Lager aufschlagen und sandte den späteren Befehlshaber der Grenzverteidigung in Arabien, Munderich, zusammen mit Lagariman und anderen Adligen zwanzig Meilen weit voraus, wo sie die Ankunft der Feinde beobachten sollten. Er selbst traf inzwischen, ohne dass jemand ihn störte, seine Vorbereitungen zum Kampf. Doch es kam ganz anders, als er vermutet hatte.

Denn die Hunnen, die bekanntlich in ihren Mutmaßungen scharfsinnig sind, argwöhnten, ein Heer stehe in weiterer Entfernung, umgingen die Truppen, die sie zu Gesicht bekommen hatten, und die sich ruhig verhielten, als ob Ihnen kein Feind gegenüberstand. Als der Mond durch die Wolken brach, überschritten sie den Fluss auf einer Furt und unternahmen, was in dieser Lage das beste war.
Aus Furcht, eine Nachricht könnte Ihnen vorauseilen und die fernab stehenden Truppen warnen, griffen sie wie der Blitz Athanarich an. Beim ersten Angriff war dieser überrascht und ließ sich nach einigen Verlusten unter seinen Leuten dazu zwingen, eilends in den unzugänglichen Bergen Zuflucht zu suchen."
(Nach F. Alzheimer sind hier die Vorhöhen der Karpaten beiderseits des Unterlaufs des Pruth gemeint; aus Kommentar W. Seyfarth, Buch 31, 35, S. 359 f).

„Durch diese neue Wendung und noch größere Furcht vor dem Kommenden gelähmt, ließ er vom Ufer des Pruth bis zur Donau am Gebiet der Taifalen vorüber eine hohe Mauer ziehen. Durch diese Schutzwehr, die in aller Eile, aber mit Sorgfalt vollendet wurde, glaubte er seine Sicherheit und Rettung fest zu begründen.

Noch während dieses wirkungsvolle Werk voran getrieben wurde, bedrängten ihn die Hunnen in eiligem Vormarsch und hätten ihn schon bei ihrer Ankunft überwältigt, wenn sie nicht wegen ihrer Belastung mit Beute davon Abstand genommen hätten.
Doch verbreitete sich das Gerücht bei den übrigen Gotenstämmen, dass dieses vorher noch nie gesehene Menschengeschlecht, das sich wie ein Sturmwind von hohen Bergen aus einem abgelegenen Winkel aufgemacht hatte, jeden Widerstand zerbricht und in Trümmer legt.

Darum suchte der größte Teil des Volkes, der Athanarich im Stich gelassen hatte und infolge des Mangels an Lebensmitteln bereits stark vermindert war, nach Wohnsitzen, die den Barbaren völlig unbekannt waren.

Lange beriet man, welche Sitze man auswählen sollte, und dachte dann an Thrakien als Schlupfwinkel, das aus doppeltem Grund geeignet war: Erstens hat es sehr fruchtbaren Boden und zweitens wird es durch die Weite der Donauströmung von den Gebieten getrennt, die für die Schrecken eines ausländischen Kriegsgottes offen daliegen.

Als ob sie gemeinsam überlegt hätten, fassten auch die übrigen denselben Plan. Unter Alavius Führung besetzten sie daher die Donauufer, schickten Unterhändler zu Valens und ersuchten mit demütiger Bitte um Aufnahme."

Zosimos in „Neue Geschichte" (auszugsweise zitiert gemäß Übersetzung Otto Veh) schreibt:

„Dies war die Lage, als sich plötzlich auf die jenseits der Donau wohnenden Skythenvölker ein Barbarenstamm warf, der, zuvor unbekannt, damals überraschend erschien."

„Man nannte sie Hunnen, sei es nun, dass man sie Königsskythen heißen, sei es, dass man sie mit jenen Menschen identifizieren darf, die nach Herodots Bericht als ein plattnasiges Volk von schwächlichem Körperbau der Donau entlang wohnen.
Sie können auch von Asien nach Europa herübergekommen sein; denn auch das fand ich überliefert, dass der Kimmerische Bosporus, durch den von Tanais mitgeführten Schlamm in Festland verwandelt, ihnen einen Übergang zu Fuß von Asien nach Europa ermöglichte. Sei dem, wie ihm wolle, sie rückten mit ihren Pferden, Weibern, Kindern und ihrer beweglichen Habe heran und überfielen die nördlich der Donau siedelnden Skythen.

Zwar vermochten und wussten sie ganz und gar nicht eine regelrechte Feldschlacht im Nahkampf auszufechten – wie wären ja auch sie, die nicht einmal ihre Füße fest auf den Boden zu setzen imstande waren, sondern dauernd auf ihren Pferden saßen und darauf sogar schliefen, dazu fähig gewesen? Verstanden sich aber wohl auf Umzingelungen, Vorstöße und geschickte Rückzüge und richteten so, in dem sie selbst von ihren Pferden aus mit Pfeilen schossen, unter den Skythen ein riesiges Blutbad an. Durch unausgesetzte Anwendung dieser Kampfweise brachten sie die Skythen schließlich in eine derart schwierige Lage, dass die Überlebenden unter Preisgabe ihrer Wohnsitze, die sie hatten, diese den Hunnen zur Ansiedlung überließen, selbst aber auf das jenseitige Donauufer flüchteten und mit flehentlich erhobenen Händen den Kaiser um Aufnahme baten; Dabei versprachen Sie ihm, die Aufgabe von treuen und zuverlässigen Bundesgenossen erfüllen zu wollen."

Doch zurück zu den gejagten Goten, Pfeile von rückwärts, von den Hunnen, Pfeile von vorn, von den Römern - im ungünstigsten Fall. Da half nur die berühmte Flucht nach vorn, über die Donau, sich den Römern anbieten und auf Entgegenkommen hoffen.

Wer waren sie, die Goten, von wo und auf welchen Routen waren sie ans Schwarze Meer gelangt? Wären sie dort geblieben, wenn nicht?
Von allen „Nordmännern" wissen wir, dass sie aus mehreren Gründen aus ihrer Heimat(Norwegen, Dänemark und Schweden) aufbrachen, um in Südeuropa ein besseres Leben zu finden.Wie gut, dass diese Migranten nicht wussten, was sie erwartete und was sie später wussten, wenn sie „später" erlebten.

Die Germanen auf der Suche nach neuem Siedlungsland. Holzstich nach einer Zeichnung von Otto Knille (um 1880). Quelle: Atlas der Antike, H. Sonnabend, S. 140, Palm-Verlag.

Etwas Magisches muss sie angezogen haben und immer wieder ins Ungewisse vorangetrieben haben. Wollte man damals ins Römische Reich, will man heute ins engere Europa; die, zu denen sie damals wanderten, wandern heute zu ihnen.

Waren es zunächst Kimbern und Teutonen, folgten später Goten, Vandalen, Burgunder, Angeln, Sueben und Langobarden, um nur einige zu nennen.

Die Süd-Nord-Wanderung begann mit dem Einmarsch der Araber im 8. Jahrhundert nach Spanien, ging über die Türken im 17. Jahrhundert und schließlich als Höhepunkt im 20. Jahrhundert durch ehemalige Kolonialvölker der Europäer wie auch die slawischen Völker.

Jordanis in „Gotengeschichte" (auszugsweise zitiert gemäß Übersetzung Dr. Wilhelm Martens, Herausgegeben von Alexander Heine) schreibt dazu:

„Nach alten Berichten sind von dieser Insel Skandinavien wie aus einer Werkstatt oder noch besser wie aus einem Mutterschoß der Völker einst die Goten unter ihrem König Berig ausgewandert. Dem Land, in das sie gelangten, gaben sie nach dem Verlassen der Schiffe sogleich einen Namen und nannten es Gotiskandza, so wie es noch heute genannt wird.

Von dort drangen sie zu den Sitzen der Rugier vor, die damals an den Ufern des Ozeans wohnten, bekämpften und vertrieben diese und schlugen ihre eigenen Lager auf in der Heimat der Rugier.
Auch deren Nachbarn, die Vandalen, besiegten und unterwarfen die Goten.Als die Zahl der Goten immer mehr anwuchs, beschloss der König der Goten mit seinem Volk, dass sie mit allen Kriegern und Familien weiterwandern wollten. Das war, als Filimer, der Sohn des Cadarig, über die Goten herrschte, etwa der fünfte König nach Berig, unter dem sie über das Meer gefahren waren."

Des weiterem wurden folgend Aussagen überliefert:

Pytheas von Massilia bezeugt für 340 v. Chr. an der Weichsel ein Volk namens „Lugi", wohl noch nicht als „Goten" zu verstehen. (Auch Lygier).

Plinius der Ältere bezeugt für 75 n. Chr. für die dortige Gegend einen Hauptstamm der „Vandiler", zu denen er Burgodionen, Variner, Chariner und „Gutonen" zählt. Plinius der Ältere überliefert auch eine Aussage des Xenophon: „Xenophon aus Lampsakos erzählt, dass sich in der Entfernung einer dreitägigen Seereise vor der Küste der Skythen (Goten) die Insel Baltia (Skandinavien) von unermesslicher Größe befinde."

Tacitus schreibt in „Germania":
„... Jenseits des Gebietes der Lugier wohnen die Gotonen, welche von Königen beherrscht werden, und zwar schon etwas strenger als die übrigen Völkerschaften der Germanen, jedoch noch nicht so, dass sie die Freiheit verloren hätten."

Und in den „Annalen" schreibt Tacitus:

„...Es befand sich unter den Gotonen ein Jüngling edler Herkunft, namens Catualda, der einst durch Marbods Gewalt zur Flucht gezwungen, jetzt, in dessen verzweifelter Lage, Rache wagte."

Auf der Ptolemäus-Karte von 150 n. Chr. wird „Gythones"ostwärts der Weichsel aufgeführt.

Wann nun die Goten ihre Heimat, vermutlich Schweden, verlassen hatten und an der Weichselmündung gelandet waren nach ihrer Überfahrt über die Ostsee, ist nicht festgehalten. Als Zeitpunkte wären anzuführen:

um 75 n. Chr.   Erwähnung durch Plinius
um 98 n. Chr.   Erwähnung durch Tacitus
um 150 n. Chr. Erwähnung durch Ptolemäus

Möglicherweise begannen sie im Zeitraum zwischen 150-200 n. Chr. ihre Plätze an der unteren Weichsel zu verlassen, um in südostwärtige Richtung weiter zu wandern. Folgende Stationen könnten sie dabei passiert haben:

- Warschau
- Raum Sandomierz
- Weichsel flussabwärts
- Südliches Polen
- Pripjat-Sümpfe
- Dnjepr
- Querend des Flusses mit Masse, Verbleib mit Teilen
- Marsch entlang beider Ufer i. d. Raum Odessa - Kherson
- Dnjepr-Mündung Schwarzes Meer wurde um 220 n. Chr. erreicht

Dort folgte ein Verbleib für ca. 150 Jahre, in denen sich die gotischen Reiche herausbildeten, die Wanderung hatte somit einen Halt eingelegt, ein Ziel erreicht, das lebenswert zu sein versprach.

Ablabius schreibt:
„Da man die Brücke nicht wiederzuherstellenverstand, so konnte niemand mehr herüber oder hinüber. Denn diese Gegend ist, wie berichtet wird, von schwankenden, bodenlosen Sümpfen eingeschlossen, sodass sie die Natur sozusagen durch einen doppelten Wall unzugänglich gemacht hat.
Noch heute hört man dort nach dem Zeugnis von Reisenden Stimmen von Tieren und kann Anzeichen, dass sich Menschen dort aufhalten, feststellen.

Lassen sich diese Erscheinungen auch nur aus weiter Ferne beobachten, so verdienen die Angaben hierüber doch Glauben. Der Teil der Goten also, der mit Filimer über den Strom kam und nach Oium gelangte, konnte sich des ersehnten Landes bemächtigen."

Jordanis wiederum schreibt:
„Gleich darauf kamen sie zu dem Volk der Spaler, lieferten ihnen eine Schlacht und gewannen den Sieg.
Im Siegeslauf gelangten sie dann bis an den entferntesten Teil Skythiens, der an den Pontus grenzt, wie das in ihren alten Liedern insgemein fast nach der Art eines Geschichtsbuches erzählt wird."

Und **Ammian:**
„Um diese Zeit (ca. 180-220 n. Chr.) ertönten beinahe über das ganze Römerreich hin die Kriegs-Trompeten, und die wildesten Volksstämme erhoben sich, um die ihnen benachbarten Grenzgebiete zu überrennen.
Die Alamannen plünderten gleichzeitig Gallien und Rhätien, die Sarmaten und Quaden Pannonien, während die Picten, Sachsen, Scoten und Atacoten den Briten dauernd Schaden zufügten. Verschiedene Maurenstämme bedrängten unsere afrikanischen Kolonien mit ihren Einfällen, und Thrakien litt unter den plündernden gotischen Raubscharen."

Die Goten gelangten auf ihrer Wanderung innerhalb von nahezu drei Jahrhunderten über zehn Generationen ans „Schwarze Meer". Sie fanden Hafenstädte vor, die von römischen Handelsschiffen angelaufen wurden.
Die Goten und mit ihnen Gepiden und Burgunden brachten sich ein, sie widmeten sich dem Schiffsbau und befuhren alsbald das Schwarze Meer.

Burgunden und Gepiden setzten ihre Wanderung fort, sie wandten sich Richtung Westen, zu den Karpaten.
Sie beunruhigten mit Angriffen die Provinz Dazien, beschäftigten somit permanent römisches Militär.

Über die Hunnen berichtet ein Kirchenlehrer des 4. Jahrhunderts namens **Hieronymus:**
„Mich schaudert in der Seele, wenn ich an den Niedergang unserer Zeit denke, zwanzig und mehr Jahre sind es nun her, seit von Konstantinopel bis zu den Julischen Alpen täglich römisches Blut vergossen wird. Das Skythenland, Thrakien, Makedonien, Thessalien, Epirus und ganz Pannonien haben Goten, Sarmaten, Quaden, Alanen, Hunnen, Vandalen und Markomannen überrannt, geplündert und verwüstet.

Wieviele ehrbare Frauen, wieviele gottgeweihte Jungfrauen und erlesene und adelige Leben sind in diesen Kriegen geschändet worden? Bischöfe wurden gefangen, Priester und andere geistliche Würdenträger hingemordet. Kirchen sind zerstört oder in Pferdeställe verwandelt und Märtyrerreliquien verstreut worden."

Die Hunnen durchzogen oströmisches Gebiet von Norden nach Süden und setzten ihre Verwüstungen sogar bis nach Antiochien fort. Des Weiteren durchquerten sie, sich nach Westen wendend, nördlich der Donau im Unterlauf die Pforte zwischen Karpaten und Donau und durchritten die Wallachei.

Zwei „Mauern"hatten die Römer in diesem Gelände als Sperren bereitet, im Osten die Mauer des Caracalla zwischen Svislow/Donau und Pitesti/Karpatensüdrand, im Westen die Linien des Hadrian am Fluss Olt, der bei Nikopol in die Donau mündet.

Der bisherige Verlauf ihren Vorgehens ist ganz nach dem „zweifelhaften" Geschmack der Hunnen, sie leben ihr Element in ihrem Element, sprich sie reiten in den weiten Ebenen der Wallachei, in der Theiß-Ebene und stürmen Städte, Dörfer, berauschen sich an geraubten Gold und an Frauen.

Hieronymus schreibt:
„Möge Jesus diese Bestien vom Römischen Reich fernhalten. Sie tauchen auf, wo man sie am wenigsten erwartet. Durch ihre Schnelligkeit eilten sie jedem Gerücht voraus. Religionen galten ihnen nicht als heilig; denn sie hatten keine. Sie verschonten keinen Stand und kein Alter, fühlten nicht einmal Mitleid mit hilflosen Kindern. Selbst Säuglinge, die noch kaum zu leben begonnen hatten, zwangen sie in den Tod."

Derart waren die traumatischen Erlebnisse und Eindrücke unter den Römern in dieser Zeit des ersten Zusammenstoßes mit den Hunnen. So ist es eigentlich kaum vorstellbar, dass die Hunnen, die ihnen eigentlich als Feinde gegenüberstanden, wechselseitig römischen Heerführern als Söldnertruppen gegen germanische Völkerschaften zur Verfügung standen. Die Hunnen nahmen auf, was sie sahen und zogen für weiteres eigenes Handeln ihre Schlüsse:

- sie erhielten Einblick in Machtstrukturen,
- erkannten soziale Verhältnisse
- erlebten Kriegswesen von Römern und Germanen
- orientierten sich in römischen Provinzen

Anfang des 5. Jahrhunderts verlagerten sie ihren Lebensmittelpunkt nach Ostpannonien, in die ungarische Theiß-Ebene. Dieser zentrale Standort war günstig für jedwede Unternehmungen gegen Ost- oder Westrom.

Um 420 n. Chr. herrschte Rugila. Er trotzte Ostrom jährliche Tributzahlungen in Höhe von 300 kg Gold ab, gültig ab 430 n. Chr.; im Gegenzug blieben die „Oströmer" von Raubzügen der Hunnen verschont.
Seine Machtstellung verfestigte Rugila durch Unterstellung sarmatischer und germanischer Völkerschaften. Unter seinem Vorgänger Uldin kämpften die Hunnen für Westroms Stilicho, der gegen den Ostgoten Radagais in Bedrängnis war und verhalfen ihm zum Sieg.

Nachdem 429 n. Chr. ein Nebenherrscher Rugilas wegen Völlerei zu Tode kam, wurde dieser selbst im Jahre 433 n. Chr. vom Blitz tödlich getroffen.

In der „Kirchengeschichte" heißt es:
...„Als Rugila, ein Fürst der nomadischen Skythen, mit einem riesigen Heer den Ister überschritt und Thrakien verheerte und plünderte, bestand Gefahr für die Hauptstadt Byzanz. Er schien sie in raschem Anlauf einzunehmen und plündern zu wollen, aber noch ehe es soweit kommen konnte, sandte Gott vom Himmel Donner und Blitze, streckte Rugila nieder und vernichtete sein ganzes Heer.."

Auf Rugila folgten die Fürsten Bleda und Attila im Jahr 434 n. Chr. in Form eines Doppelkönigtums. Attila war von vornherein die stärkere Persönlichkeit, Bleda war eher geduldet und bedeutete für Attila nie eine wirkliche Gefahr.
(Attila wurde um 395 n. Chr. geboren, kam als Knabengeisel nach Konstantinopel und erfuhr oströmische Erziehung; ihm wurden politische, soziale und wirtschaftliche Strukturen Roms vor Augen geführt. Zugleich wurde er unterrichtet in der griechischen und lateinischen Sprache.)

Das Jahr 435 n. Chr. sieht hunnische Truppen erneut in weströmischen Diensten.
Aetius, der letzte große weströmische Heerführer und späterer Gegner Attilas, kommt den Belgern, die von Burgunden angegriffen worden wären, mit hunnischen Söldnern zur Hilfe und besiegt jene.

437 n. Chr. zogen Hunnen im Rahmen eines Racheaktes (ca. 425 n. Chr. hatten Burgunden unzählige Hunnen niedergemetzelt) wiederum gegen die Burgunden nach Worms am Rhein und töteten 20.000 Burgunden unter ihrem Führer Gundahar.

Noch einmal treffen Burgunden als Verbündete der weströmischen Kräfte im Jahr 451 n. Chr. auf den Katalanischen Feldern auf die Hunnen.

Attila und Bleda beherrschten gemeinsam das Hunnenreich in der Zeit von 434-445 n. Chr., d.h. bis zum Tode Bledas. Attila wurde Alleinherrscher.

Attila der bis dato die Gebiete des Vorgängers Oktar erhalten hatten und beherrschte, bekam nun zusätzlich die östlichen Teilgebiete des Bleda, der sie zuvor von Rugila übernommen hatte.

Jordanis schreibt:
„Attila war von untersetzter Statur und breitschultrig, sein Kopf groß, seine Augen klein, sein mit weißen Fäden durchzogener Bart spärlich, seine Nase eingedrückt, seine Hautfarbe dunkel – in allem verrät sich seine Herkunft.

Sein angeborenes großes Selbstvertrauen wuchs noch nach der Auffindung des dem Kriegsgott Mars geweihten Schwertes.
Dieses Schwert ist von de Skythen von jeher heilig gehalten worden. Als einst ein Hirt eine Färse aus seiner Herde hinken sah und sich die Ursache einer so großen Verletzung nicht erklären konnte, ging er sorgfältig den Blutspuren nach und fand schließlich ein Schwert, auf das die Färse beim Grasen ahnungslos getreten war; er grub das Schwert aus und überbrachte es sogleich Attila.
Dieser war hocherfreut über das Geschenk und sah, ehrgeizig wie er war, in der Auffindung des Mars-Schwertes eine Bestätigung dafür, dass er zum Weltherrscher und zum Sieger in allen Kriegen berufen sei."

Priskos schreibt über Attila::
„Der hunnische König war von kurzer Statur, breiter Brust, mächtigen Hauptes, schlitzäugig, mit spärlichem und grauem Barthaar, plattnasig und dunkelhaarig, besaß er alle Merkmale hunnischer Herkunft."

Bei seiner Regierungsübernahme ordnete Attila sogleich folgendes an:

* Straffung der Leitung der Verbündeten
* Gebot von Tribut und Heerfolge
* Erhöhung der Geldforderungen von Konstantinopel
* Beabsichtigte Bündnisse Konstantinopels bedurften fortan der Genehmigung durch Attila

443 n. Chr. unterlagen Oströmer den Hunnen in einer Schlacht bei Chersonesus.

Folgen für Ostrom: 700 kg Gold jährlich an die Hunnen
2.000 kg Gold als einmalige Zahlung für nicht
gezahlte Tributleistungen

445 n. Chr. war Attila Alleinherscher. Folgendes geschah nun:

- den von Ostrom zugedachten Titel Magister Militum lehnt Attila ab,
- Attila dünkt sich römischen Kaiser gleich, nicht jedoch kaiserlicher Untergebener,
- Attila entsendet hunnische Söldner an weströmischen Hof in Ravenna,
- Attila erhöht Bedeutung seiner Residenz (Sprachen am Hof: hunnisch, gotisch, lateinisch)

447 n. Chr. geschah dann:

- Attila fordert von Ostrom jährlichen Tribut in Höhe von 6000 Pfund Gold - und erhält ihn.
- Hunnische Söldner dienen offiziell in der byzantinischen Armee.
- Hunnenreich erstreckt sich über Donau Theiß Tiefebene, Valeria, Ostpannonien
- Botmäßige Germanenstämme sind Ostgoten, Gepiden, Rugier und Alanen

Unterdessen erstarken Ostrom und Ravenna. Ostrom verweigert künftig die Goldzuwendungen, Westrom sprich Valentinian II verweigert Heiratsantrag hinsichtlich Honoria sowie Regierungsteilnahme.

Attila handelt auf seine Weise.Gegen Ostrom entsendet er um 450 n. Chr. eine relativ kleine Streitmacht für einen Alibi-Krieg, seine Hauptkräfte marschieren 451 n. Chr. nach Gallien.
Die nicht am Feldzug nach Gallien beteiligten Kräfte beläßt Attila in seinem „Stammland", damit hatte er das Ziel seiner „Migration" erreicht.

In Gallien ergab sich damit folgende Kräftekonstellation (Zusammenstellung für das unausweichliche Kräftemessen):

Hunnenkräfte	Römerkräfte
Ostgoten	Westgoten
Alanen	Alanen
Vandalen	Burgunden
Gepiden	Salier
Skiren	Sachsen

Hunnenkräfte	Römerkräfte
Rugier	Rheinfranken
Heruler	
Quaden	
Thüringer	
Ripuarische Franken	

Bevor die Hunnen mit ihren Hilfsvölkern in Gallien einbrachen, waren bereits mehrere auf Wanderschaft befindliche germanische Völkerschaften in Britannien und Gallien quasi „eingedrungen".

(Der notwendige Abzug römischer Kräfte aus Britannien und vom Rhein zwecks Verlegung an die Donau und nach Norditalien, um weiteres Vordringen der Goten zu verhindern, hatte neue Möglichkeiten eröffnet.):

1. Ins entblößte Britannien kamen aufgrund von Waffenhilfe ersuchenden Briten gegen Pikten und Scoten:

   - Angeln
   - Sachsen (449 n. Chr.)
   - Jüten

2. Ins nördliche Gallien erfolgten ab 350 n. Chr. Vorstöße der

   - Franken

3. Ins nordöstliche Gallien stürmten 406 n. Chr.

   - Burgunder
   - Vandalen   mit Duldung Stilichos
   - Sueben
   - Alanen

4. Ins südostwärtige Gallien kamen auf Weisung Roms 412 n. Chr.

   - Westgoten

Attila erreicht mit seinen Kräften 451 n. Chr. Gallien, wobei im Norden Franken und Thüringer marschieren, im Süden Hunnen mit direkten Hilfsvölkern, sie überqueren den Rhein bei Koblenz und Basel. Trier wird zerstört.

Am 7. April erobern die Hunnen Metz.

Über Chalons sur Marne wird im Frühsommer Orleans erreicht, es verteidigt sich gegen Angriffe. Rechtzeitig zur Hilfe eilt Aetius mit römischen und westgotischen Kräften herbei.

Hunnisches Gastmahl bei Attila.

Quelle: Deutsche Geschichte, Verlag von Velhagen & Klasing, S. 111

Attila zieht sich zurück, auf den Katalanischen Feldern kommt es bei Chalons sur Marne in der Champagne zu der bis dahin größten Völkerschlacht.
Einen Sieg können weder Römer noch Hunnen verzeichnen, aber die Hunnen sind aufgehalten, geschwächt und treten den Rückzug an.
330.000 Tote soll es gegeben haben, weniger auf römischer und hunnischen als auf Seiten der jeweils begleitenden germanischen Heerscharen.

Jordanis beschreibt in "Gotengeschichte" (auszugsweise zitiert gemäß Übersetzung Dr. Wilhelm Martens. Herausgegeben von Alexander Heine) über Attilas Rede vor der Schlacht: „... da mag sich euer Mut hervortun, eure gewohnte Wut zum Ausbruch kommen! Nun bietet euren Verstand, Hunnen, nun eure Waffen auf! Wer verwundet wird, vergelte mit Tod eines Feindes, wer noch heil, sättige sich in ihrem Blut. Die Sieger wird kein Geschoss treffen; wer zum Tod bestimmt ist, den erreicht das Geschick auch in Friedenszeit.

71

Warum sollte das Glück den Hunnen Sieg auf Sieg über so viele Völker verliehen haben, wenn es sie nicht auf die Freude dieses Kampfe hätte vorbereiten wollen. Wer hat denn unseren Vorfahren den Weg von der Märtis her eröffnet, der so viele Jahrhunderte ein unentsiegeltes Geheimnis war?

Wer brachte vor euch, als ihr noch nicht bewaffnet waret, Bewaffnete zum Weichen? Den Blick der Hunnen konnte auch eine vereinigte Völkermasse nicht ertragen.

Ich täusche mich nicht über den Erfolg. Was ist das Feld, das uns so viele Siege verheißen hat. Ich selbst werde zuerst mein Geschoss in die Feinde schleudern.

Wenn einer Ruhe ertragen kann, während Attila kämpft, ist er tot."

„Als man am folgenden Morgen bei Sonnenaufgang die angehäuften Leichen auf den Feldern erblickte und sah, dass die Hunnen keinen Ausfall wagten, hielt man den Sieg für gewonnen, aber man wusste, dass Attila nur nach einer großen Niederlage fliehe.

Jedoch tat er nicht wie einer, der darniedergeworfen ist, sondern unter Waffenlärm ließ er die Hörner blasen, und drohte mit einem Angriff, wie ein Löwe, der den Jagdspeer in der Seite trägt, am Eingang seine Höhle auf- und abgeht und nicht wagt aufzuspringen, sondern unaufhörlich mit seinem Gebrüll die Nachbarschaft schreckt. So ängstigte der kriegerische König seine Besieger noch, als er eingeschlossen war.

Darum kamen Goten und Römer zusammen und berieten, was anzufangen sei betreffs des überwundenen Attila. Man beschloss, ihm mit einer Belagerung zuzusetzen, da er keine Getreidevorräte hatte, und von ihren Bogenschützen, die in der Lagerumzäunung aufgestellt waren, der Zutritt durch einen Hagel von Pfeilen verhindert wurde."

„...die Goten aber erfüllten die Pflicht der Leichenfeier gegen Theodorid und trugen unter Waffenschall den hehren König fort.

Der Held Thorismund folgte hinter den sterblichen Resten des heißgeliebten, hochberühmten Vaters dem Leichenzug, wie es für den Sohn sich schickt.

Nachdem dies beendet war, befragte er, ergriffen vom Schmerz über seine Verwaisung und vom Drang der Tapferkeit, die ihn auszeichnete, da er an den übrigen Hunnen seines Vaters Tod zu rächen strebte, den Patricius Aetius als den Älteren und Erfahrung gereiften Mann darüber, was unter den jetzigen Umständen zu tun sei.

Der aber fürchtete nach völliger Vernichtung der Hunnen Unterdrückung des römischen Reiches von den Goten und gab ihm den Rat, in seine Heimat zurückzukehren und sich der von seinem Vater hinterlassenen Herrschaft zu bemächtigen, damit nicht seine Brüder die Schätze des Vaters an sich rissen und der Wesegoten Reich an sich zögen, und er dann mit den Seinigen ernstlich, und was noch schlimmer sei, unglücklich kämpfen müsste ...

... in diesem hochberühmten Kampf der tapfersten Völker berichtet man von 165.000 Gefallenen auf beiden Seiten, abgesehen von 15.000 Gepiden und Franken, die vor der eigentlichen Feldschlacht nachts aufeinanderstößen und einander zusammenhieben, indem die Franken für die Römer, die Gepiden für die Hunnen fochten...

Als Attila den Abzug der Goten erfuhr, hielt er, wie man gewöhnlich bei unerwarteten Vorgängen vermutet, es mehr für eine Kriegslist der Gegner und blieb noch länger im Lager.
Als aber anhaltende Stille infolge der Abwesenheit der Feinde eintrat, da richtete sich sein Geist wieder zu Siegerhoffnungen auf; schon im voraus genoss er die Freude, und des Königs Geist schweifte zum früheren Glück zurück."

Der weströmische Heerführer Aetius befand sich nach Ausgang der „großen Schlacht" in einer Zwickmühle

Variante 1: Bedrohen wie zur Zeit noch weitgehend intakte Hunnische Kräfte Rom auf gallischem Boden, erscheint das momentan wichtige Bündnis Römer/Westgoten vorerst zu halten.
Variante 2: Treten die Hunnen, da endgültig besiegt, auf gallischem Boden nicht mehr in Erscheinung, ergibt sich aufgrund des Kräfteverhältnisses zwischen Römern/Westgoten ein Ungleichgewicht zu Ungunsten Roms.

Vielleicht war Aetius ein Gedanke des Stilicho ein guter Ratgeber:
„Man solle den augenblicklichen Feind, den man vielleicht noch einmal zur Hilfe braucht, nicht ohne Grund und schon gar nicht im Überschwang des Übermut endgültig niederringen."

Im Urteil seiner Zeitgenossen fand das Verhalten des Aetius eine doppelte Bewertung, negativ, da Aetius sich als Freund der Hunnen zeigte, positiv, da Aetius Gallien aus tödlicher Gefahr gerettet hatte.

Attilas Quasi-Niederlage verwandelte sich im Urteil der Umstehenden zu einem sein Gesicht wahrenden Unentschieden.

Attila verließ das Schlachtfeld, wandte sich nach Südosten und stellte seinen beutegierigen Hunnen das ohnehin schwach bewehrte Italien mit seinen Reichtümern in Aussicht.

Die Hunnen umgingen die Julischen Alpen im Süden, querten den Fluß Isonzo und stießen bis nach Aquileia (181 v. Chr. Kolonie) vor, eine reiche 100.000 Einwohner zählende Weltstadt mit Zugang zum Meer.

Nach Einsatz von Belagerungsmaschinen erzwangen sich die Hunnen den Zugang zu Aquileia und führten durch Zerstörung und Plünderung, Tötung und Vertreibung der Einwohner dessen unwiderrufliches Ende herbei.

Entlang der Küste und durch die reiche Oberitalienische Ebene zogen die Hunnen plündernd nach Westen. Verona, Brescia, Bergamo und Mailand mussten dran glauben. Mailand hatte am meisten Zeit, weil am westlichsten gelegen und konnte deshalb Leute und Kostbarkeiten vor den Hunnen beiseite schaffen.

Inzwischen waren die Hunnen mit Beute fast satt und bewegungsunfähig.

Über Mantua geht der Rückweg, wohin zieht es die Hunnen? Nach Rom?

Man versuchte, ersuchte Attila, um ihn davon abzuhalten – Aetius mittels einer Gesandschaft, der Papst Leo kam persönlich. Das Ziel wurde erreicht.

Doch den gewieften Heerführer Attila hatten weitaus andere, gewichtige Gründe bewogen, den möglichen Marsch nach Rom zu unterlassen.

Zum einen waren es die Ernährungsprobleme mit denen er nicht fertig geworden wäre: u.a. leere Felder, zerstreutes Vieh, verdorbenes bis verseuchtes Wasser – das würde Ruhr, Cholera oder Typhus für seine Truppen bedeuten; auch waren die Städte leer.

So hielt sich der taktisch versierte Attila, der ohnehin genug Beute und eine noch intakte Truppe hatte, an das alte Sprichwort, in die Höhle des Löwen führen viele Spuren hinein, jedoch keine hinaus.

Attila zog sich zurück über den Brenner, über Donauwörth entlang der Donau ins heimatliche Pannonien, zugleich war er einem möglichen Kampf gegen den Oströmer Markian an der Save ausgewichen.

Zurück in der Heimat an der Theiß findet Attila ein schnelles Ende. Im Kampf unbesiegt, erliegt er nach übermäßigem Gelage anläßlich seiner Hochzeit mit Ildico einem Blutsturz, er erstickt. Begraben wird er in 3 Särgen aus Gold, Silber, Eisen, die Örtlichkeit ist unbekannt, da, wie üblich, die Totengräber anschließend umgebracht wurden.

Nach Attilas Tod zerfällt das Reich mit einem Schlage, die Söhne sind zerstritten, die verbündeten Völkerschaften fallen sofort ab und gehen eigene Wege.

Unter Führung des Gepidenkönigs Ardarich kämpfen Ostgoten, Rugier und Skiren gegen die Hunnen im Jahr 454/455 in der Schlacht am Fluß Nedao in Pannonien und besiegen diese.

Um die 50.000 tote Hunnen bleiben auf der Walstatt zurück, von diesem gewaltigen Schlag erholen sich die Hunnen nicht mehr, gleichwohl sind sie nicht untergegangen und noch nicht von der Bühne abgetreten.

Aber das Hunnenreich als solches ist out; in Teile zerfallen verlieren sich allmählich die Spuren der Hunnen.

Die Ebenen Südrusslands nehmen sie u.a. auf; 464/466 schlugen die Ostgoten erneut Reste der Hunnen, die anschließend zum Dnjepr zogen.

Weitere Einzelne oder geschlossene Verbände verdingten sich in der oströmischen Armee, auch wurden sie sesshaft als Bauern auf byzantinischem Grund und Boden, wehrhafte Grenzbauern. Ein letzter bekannter und überlieferter Hunneneinfall ins oströmische Reich erfolgte zwischen 474 und 491 n. Chr. unter dem oströmischen Kaiser Zeno.

Das Zentrum des Hunnenreiches in Pannonien an der Donau/Theiß und am Plattensee übernahmen die Ostgoten; zwischen Sirmium und Vindobona herrschen nun nach ihren Siegen über Attilas Söhne die Ostgotenherrscher Valamir, Vidimir und Thiodimir.

Die etwa 75 Jahre während Hunnenherrschaft in Europa kam wie der Blitz und war am Ende ebenso plötzlich verschwunden.

So seltsam es klingen mag, die Hunnen sind einerseits das bekannteste aller Völker der Völkerwanderung, dabei ging es ihnen nicht um eine spezielle überschaubare Reichsgründung – obwohl ihnen in einem Riesenbereich viele germanische Stämme botmäßig waren – sondern mehr um permanente Jagd nach Beute und einem Leben in Saus und Braus.

Andererseits waren sie gewissermaßen ein geschichtsloses, staatenloses Volk, sie wussten am Ende nicht, woher sie kamen, die ewige Steppe war Heimat für sie, sie wussten nicht, wer sie waren, wo sie geboren waren und wo die Gräber der Väter lagen.

Hermann Schreiber schreibt in „Die Hunnen" (auszugsweise zitiert):

„Um eineinhalb Jahrzehnte hat also das Hunnenreich, wenn auch verkleinert, geteilt und nach Osten abgedrängt, seinen Schöpfer und größten Herrscher Attila überlebt.

Die Hunnen selbst aber lebten noch jahrhundertelang weiter, dank des einzigartigen Impetus, der den Kulturvölkern jener Zeit inzwischen längst abhanden gekommen war.

Die Zersprengten des Hunnenreiches hatten inzwischen wieder ihren Dienst als Söldner angetreten.

Dass sie zu Bauern nicht taugten, hatten sie dem sanften Ernak beweisen müssen, damit er es glaube.

Und, dass sie einen eigenen Staat nicht abermals errichten und gegen Goten und Römer halten konnten, das hatte sich in den sinnlosen Kämpfen eines Ellak oder eines Denghizik gezeigt.

Also kehrten sie zu jener Lebensweise zurück, die sie unter Aetius so lange praktiziert hatten, so kämpften im Auftrag wie bis heute all jene, die nichts anderes gelernt haben.

Sie traten an, wo immer man sie hinschickte, und sie wurden dabei immer weniger, sie versiegten langsam in dem Boden, den sie mit ihrem Blut gedüngt, kaum je aber gepflügt hatten.

Sichtbarer als diese namenlosen Horden, die sich im Süden Europas verstreuten, wirkt die Elite des Hunnenreiches noch eine ganze Weile wie ein Gewürz im schlaffen Soufflé letzter Römermacht. Sie, die Klügsten der Barbaren, von der Aura der Grausamkeit ebenso umweht wie von jener der Tatkraft und Härte, werden Würdenträger, Befehlshaber, Gouverneure im oströmischen Reich.

Nicht die germanischen Völker haben die lange Agonie des Römerreiches abgekürzt: Die Hunnen haben aus dem Todeskampf den Todessturz werden lassen, an ihrem Beispiel erst wird die Ohnmacht der alten Mittelmeervölker vollends deutlich.

Zweifellos sind die Hunnen selbst eine destruktive Kraft, die Neues nicht brachte noch bringen konnte.

Aber sie liefern ein faszinierendes Beispiel vom Einbruch urkräftiger Energien in einen alten Kulturraum."

Die Vandalen

Während die Goten den Halt ihrer Wanderung in Südrussland aufgrund der Vertreibung durch die von Osten kommenden Hunnenscharen aufgeben mussten, lebten die Vandalen zunächst noch weiterhin ungestört als Vandali und Silingae in Schlesien an der oberen Oder.
Während die Goten landläufig ab 375 n. Chr. ihre Wanderung, die ja mehr eine Flucht war, wieder aufnahmen, erfolgte das bei den Vandalen später.

Abgesehen davon, gab es dabei natürlich auch in den Jahrhunderten davor Raubzüge nach Westen, Wanderungen einzelner Vandalenstämme nach Südosten sowie Truppengestellungen.
Da die Goten über 150 Jahre in Südrussland gelebt hatten, sich etabliert und arrangiert hatten, ist es durchaus möglich, dass sie ohne das Eingreifen der Hunnen länger geblieben wären.

Alle in Germanien siedelnden Völker hatten sicherlich den Vorsatz gehabt, noch weiter nach „Süden" zu wandern, sie waren jedoch als einzelne zu schwach, als Geschlossenheit nicht vorhanden und standen somit chancenlos vor der Barriere Rhein, die die Römer während der ersten vier Jahrhunderte n. Chr. aufgebaut hatten. Nach Aufgabe ihrer Eroberungspläne hinsichtlich Germania Magna und Aufbau der Sperrlinie am Rhein ließen sie gegenüber den Germanen immerhin Koexistenz zu.
Deren Wanderungstendenzen schliefen über lange Zeit, notgedrungen, waren aber doch wohl latent vorhanden.

Von **Plinius dem Älteren** hört man erstmalig von der Existenz der Vandalen:
… „Es gibt fünf Hauptstämme der Germanen: Die Vandiler, zu denen die Burgodionen, Variner, Chariner und Gutonen gehören ..."
Diese Stämme lebten an der Ostseeküste Germaniens zwischen unterer Oder und Weichsel.

Tacitus erwähnt die Vandalen als solche in seiner "Germania" nicht; von Varinern und Gotonen lesen wir auch bei ihm. Tacitus sagt selbst einmal, dass er nur die bedeutendsten Stämme nennt; somit wird er weitere gekannt haben, auf ihre Anführung hingegen verzichtet er.

Ptolemäus führt in seiner Deutschlandkarte von 150 n. Chr. folgende germanische Völkerschaften an: Burguntes, Viruni, Silingae, Gythones, Avarini.
Dass diese genannten den vorgenannten bei Plinius dem Älteren entsprechen, erscheint möglich.

War es gelegentlich doch so geschehen, dass im Kampf der Stämme untereinander die überwundenen ihre Identität aufgaben und in den Siegern „aufgingen".

Da zwischen der Veröffentlichung des Plinius dem Älteren und der des Ptolomäus circa 70 Jahre vergangen waren, erscheint das nicht ausgeschlossen.

Isidor schreibt in „Geschichte der Goten, Vandalen und Sueven" (auszugsweise zitiert gemäß Übersetzung David Coste, herausgegeben von Alexander Heine):

„Zwei Jahre vor dem Überfall der Stadt Rom erhoben sich auf Veranlassung Stilichos die Völker der Alanen, Sueven und Vandalen, überschritten den Rhein, brachen in Gallien ein, schlugen die Franken und kamen in ungehindertem Zug bis an die Pyrenäen, deren Pässe von Didymus und Veronian, einem sehr edlen und mächtigen Brüderpaar, verteidigt wurden."

Orosius schreibt in „Die antike Weltgeschichte in christlicher Sicht" (auszugsweise zitiert gemäß Übersetzung Adolf Lippold):

„Der General Stilicho, der Herkunft nach aus dem unkriegerischen, habsüchtigen, wortbrüchigen und arglistigen Volk der Wandalen stammend, achtete es für zu gering, dass er unter einem Kaiser herrschte, und trachtete auf jede Weise danach, seinen Sohn Eucherius, der, wie von den meisten überliefert wird, schon seit der Knabenzeit und als Privatmann an eine Verfolgung der Christen dachte, als Nacherben in die Herrschaft einzusetzen.

Außerdem ermunterte er und lockte darüber hinaus zu den Waffen andere, an Truppen und Kräften nicht zu ertragende Völker, durch die jetzt die gallischen und spanischen Provinzen Not leiden, also die Alanen, Sueben, Wandalen und die durch diese Bewegung selbst angetriebenen Burgunder, da nun einmal die Furcht vor dem Namen Roms hinweggewischt war.

Er wollte, dass diese einstweilen die Ufer des Rheins heimsuchten und Gallien erschütterten. Inzwischen rieben die, zwei Jahre vor dem Einfall in Rom, wie ich gesagt habe, durch Stilicho aufgehetzten Völkerschaften der Alanen, Sueben, Wandalen und mit ihnen viele andere die Franken auf, fielen in Gallien ein und gelangten im geradlinigen Ansturm bis zur Pyrenäenkette. Zeitweilig durch dieses Hindernis zurückgeschlagen, strömten sie in die umliegenden Provinzen zurück.."

Gregor von Tours wiederum schreibt in „Fränkische Geschichte", zweites Buch, Kapitel 2 (auszugsweise zitiert gemäß Übersetzung Wilhelm von Giesebrecht, neu bearbeitet von Manfred Gebauer):

„Danach verließen die Vandalen ihre Heimat und brachen unter ihren König Gunderich in Gallien ein, verheerten schrecklich dies Land und wandten sich dann nach Spanien. Ihnen folgten die Sueben, d.h. die Alamannen, und nahmen Galicien ein. Und nicht lange nachher erhob sich ein Krieg zwischen beiden Völkern, weil sie nahe beieinander wohnten.

Als sie darauf gerüstet zum Kampf auszogen und schon zur Schlacht sich bereit machten, sprach der Alamannenkönig so: „Wie lange soll denn der Krieg heimsuchen das ganze Volk? Also lasset doch nicht viel Volk umkommen auf beiden Seiten, sondern zwei von uns mögen mit ihren Kriegswaffen auf den Kampfplatz treten und die Sache unter sich ausfechten. Wessen Kämpe dann siegt, der nehme das Land ohne Streit …
Alle stimmten dem bei, auf das nicht das ganze Volk fiele von der Spitze des Schwertes.

Zu jener Zeit aber war König Gunderich schon gestorben und an seiner Stelle hatte Trasamund (richtig ist „Geiserich") das Reich erworben.
Als nun die Kämpen zusammentrafen, unterlag die Partei der Vandalen, und als ihr Kämpe gefallen, gelobte Trasamund auszuziehen, er wolle nämlich, nachdem er alles zum Marsche gerüstet, die Grenzen Spaniens verlassen …"
„Hierauf gingen die Vandalen, indem die Alamannen sie bis nach Traducta verfolgten, über das Meer und breiteten sich durch die ganzen Provinzen Afrika und Mauretanien aus…"

Zwischen den Jahren 401 n. Chr. und 406 n. Chr. ergab sich aufgrund des Hunneneinfalls und der damit nach Westen in Bewegung geratenen germanischen Völkerschaften an der Donau – wie an der Rheinfront – folgende Lage, die speziell den römischen Heermeister Stilicho zum Handeln zwang. Die nackte Sicherheit des römischen Reiches stand auf dem Spiel:
An der Donau strömten die Goten nach zunächst geordnetem Übersetzen nun in unzählbaren und nicht mehr zu bewältigenden Massen nach Süden, Ufer-Dazien, Niedermösien und Thracien ertranken in der Gotenschwemme.

Zunächst wurden sie nach Bittgestellung wie üblich gegen Zusage von Wehrdienstleistung in Truppengestellung aufgenommen, dafür stellte Rom Anfangsverpflegung, Saaten und Siedlungsraum.
Durch die nachströmenden Massen und durch entwürdigendes Fehlverhalten der Römer – örtliche Kommandeure, nachgeordnete Chargen und Händler „stießen sich gesund", erpressten von den Goten für etwas Nahrung im Extremfall ihre Hunde, deren Reichtum, sogar Kinder – schlug das verständlicherweise dem Fass den Boden aus.
Die Goten drehten nun den Spieß um und zogen fortan marschierend durch den Balkan.

Stilicho musste dem Einhalt gebieten, Truppen aus Britannia wurden herbeigeordert; Britannia blieb sich selbst überlassen.

1. „Comes litoris Saxonici per Britanniae" überstellte:
   - 3 Reitereinheiten
   - 4 Numerarios à 250 Köpfe
   - 1 Cohorte der Leg II Augusta à 500 Köpfe, Gloncester (43 n. Chr. aus Argentorate nach Britannia)

2. „Comes Britanniae" überstellte:
   - 2 Numerarios à 250 Köpfe

3. „Dux Britanniarum":
   - 5 Cohorten der Leg VI à 500 Köpfe
   - 3 Reitereinheiten
   - 10 Numerarios à 250 Köpfe

Von der Rheinfront war an Kräften nichts zu erwarten, da sie ebenfalls bedroht war. Die ohnehin nur in geringer Anzahl vorhandenen und ausgedünnten römischen Legionen wurden seit einiger Zeit durch Franken aufgefüllt. Über den Bereich „Dux Germaniae primae" gibt es um 400 n. Chr. keine militärischen Dislozierungsangaben.

Lediglich in Vetera und Bonna sind Legionskräfte zu verzeichnen:
   - Vetera: XXX Victrix Ulpia
   - Bonna: I Minervia

An dem Bereich „Dux Mogontiacensis" standen Spezialkräfte in geringer Zahl zur Verfügung; inwieweit Legionskräfte oder Frankeneinheiten abgezogen werden konnten und es auch tatsächlich wurden, ist unbekannt. Somit hatten Alanen, Sueben und Vandalen auf ihrem Weg nach Gallien im frühen 5. Jahrhundert mit relativ geringem römischen Widerstand am Rhein zu rechnen.

Als Urheimat der Vandalen kommen ebenfalls Norwegen, Nordjütland und Mittelschweden infrage.
Aus den bekannten Gründen, Nahrungsmangel, Überpopulation oder Sturmfluten mit Folgeschäden hatten Vandalen, wie schon vorher die Kimbern, ihre Urheimat verlassen und waren zum großen Treck aufgebrochen.
Nach Überqueren der Ostsee und kurzem Aufenthalt an der Odermündung ging es entlang der Oder nach Schlesien, vermutlich in den Breslauer Raum, zum späteren Heiligtum „Zobten".

Während des Marsches hatten sich die Vandalen mit Langobarden, Rugiern, Goten und Burgunden Gefechte liefern müssen.Nach weiteren Wanderungen zunächst in südostwärtige Richtung waren sie mit Teilen an die Theiß gelangt und gerieten unter hunnische Oberhoheit.

Was war im Laufe der Jahrhunderte des „Vandalenlebens" geschehen? Die Chronik gibt folgendes wieder:

61 v. Chr.	Magetobriga Der Suebe Ariovist schlägt mit Hilfe der Vandalen die Häduer.
58 v. Chr.	Vesontio Caesar schlägt Ariovist, Sueben und Vandalen unterliegen.
52-46 v. Chr.	Alesia Caesar besiegt keltische Gallier unter Vercingetorix - mit Unterstützung durch Vandalen und Burgunden
1. Jh. n. Chr.	Silingische Vandalen setzen sich in Schlesien fest, weitere Vandalenstämmeziehen von dort Richtung Südosten.
2. Jh. n. Chr.	Andere Vandalenstämme wandern nach Galizien und in die Slowakei
170/171	Vandalische Könige Rhaus und Raptus erreichen mit ihren Stämmen dieobere Theiß-Ebene
248/249	Lakringen kehren von einem Streifzug ins Donau-Save Gebiet nicht zurück.Hasdingen zieht es nach Siebenbürgen, Silingen verbleiben in Schlesien.
270	Hasdingen ziehen nach Pannonien, wo sie im Kampf gegen Römer einRemis erstreiten. Gegen Geiselgestellung von 2000 Kriegern darf derrückkehrwillige Rest in die Heimat. Die Römer formten aus den Geiseln die Ala VIII Vandilorum und entsandten diese Kräfte nach Afrika.
278	In Süddeutschland kämpfen vandalische Silingen unter Igila gegen Probus. Geschlagene Vandalen werden von Rom zum Einsatz nach Britanniaverpflichtet.
334/335	Hasdingen in Siebenbürgen
335	Vandalen fechten siegreich gegen Goten am Mieresch-Fluß, Vandalen-König Wisimir fällt.

350	Vandalenstämme brechen vom Plattensee nach Westen auf.
400	Der große Vandalenzug unter Godigisel beginnt, nolens volens ausgelöst durch den Hunnensturm. Godigisel fasst die Vandalenstämme aus dem südosteuropäischen Raum zusammen und führt sie geschlossen in den süddeutschen Raum.
406 .	Vandalen und Alanen gelangen an den Rhein, in Kämpfen gegen die Franken verlieren 20.000 Vandalen ihr Leben, Godigisel fällt. In einer weiteren Schlacht erfahren sie durch Alanen unter König Respendial Unterstützung und besiegen daraufhin die Franken.
31/12/406	Hasdingen überqueren unter König Gunderich den zugefrorenen Rhein.
407-409	Vandalen, Alanen und Sueben durchziehen plündernd Gallien und gelangen an die Pyrenäen.

Bekanntlich bedrohten und bestürmten zu dieser Zeit West- und Ostgoten das römische Kernland Italien massiv. Wie angesprochen, hatte der weströmische Heermeister Stilicho seine liebe Not mit Verstärkungskräften von Britannien und vom Rhein, um dieser Gefahr Paroli bieten zu können. Dieser Umstand ermöglichte dann letztendlich den Vandalen den Einbruch nach Gallien und die Fortsetzung ihrer Wanderung.

Isidor schreibt in „Geschichte der Goten, Vandalen und Sueven" (auszugsweise zitiert gemäß Übersetzung David Coste, herausgegeben von Alexander Heine):
„Drei Jahre hindurch wurde ihnen von diesen beiden der Eintritt nach Spanien verwehrt und sie zogen in den anliegenden Provinzen Galliens umher. Aber nachdem das genannt Brüderpaar, das mit eigenen Mitteln die Pyrenäenpässe schützte, unter dem Verdacht, nach dem Thron zu streben, ganz unschuldig vom Caesar Constantius getötet worden war, brachen die oben erwähnten Völker im Jahr 409 nach Christus in Spanien ein."

Orientius von Augusta schreibt (auszugsweise zitiert aus „die Vandalen", Hermann Schreiber):
„Müde erwartet alles das greisenhafte Ende der Welt, und schon läuft ab die Zeit bis zum letzten Tage. Siehe wie rasch der Tod die ganze Welt bezwungen und welche starke Völker die Wucht des Krieges zu Boden geworfen hat. Nicht dichter Wald, nicht die Unwirklichkeit eines hohen Gebirges, nicht die

reißenden Strudel mächtiger Flüsse, nicht feste Burgen, nicht Städte im Schutz ihrer Mauern, nicht das weglose Meer, nicht die Oede der Wildnis, nicht Höhlen und auch nicht Grotten in der Tiefe finsterer Schluchten waren imstande, die barbarischen Horden aufzuhalten.

Wo sie gewesen waren, da lagen unsere Landsleute tot als Futter der Hunde. Anderen wurden die brennenden Häuser zum Scheiterhaufen, der sie des Lebens beraubte. In Dörfern und Häusern, auf dem Land, in allen Straßen und allen Gassen herrschen Tod, Schmerz, Vernichtung, Niederlage, Brand und Trauer. Ganz Gallien rauchte als ein einziger Scheiterhaufen."

Die Vandalen überquerten Ende 409 n. Chr. doch noch die Pyrenäen und setzten in ganz Spanien in den Jahren 410 n. Chr. und 411 n. Chr. ihr Wüten fort.

Rom trat die Flucht nach vorne an und schloss mit den Barbaren Foederaten- verträge. Siedlungsgebiete wurden gemäß Order Constans zugewiesen.

Silingen	=	Baetica, Teile Andalusiens
Hasdingen u. Sueben	=	Nordportugal, Galicien
Alanen	=	Lusitanien, Ebenen nördlich Cartagena
Römer	=	Tarraconensis, Sevilla, Cartagena

Rom stiftete nun die Westgoten an, Italien zu verlassen und nach Spanien zu gehen, um es im Auftrage Roms von den ungebetenen Eindringlingen zu säubern.

Entsprechende Kämpfe fanden 428 n. Chr. statt; infolge derer zahlten Vandalen, Sueben, Alanen einen hohen Blutzoll.

416 n. Chr.	Vallia löscht mit seinen Goten die in Baetica/Spanien sich aufhaltenden vandalischen Silingen weitgehend aus.
418 n. Chr.	Goten besiegen in Lusitanien die Alanen. Sueben verbleiben in Galicien unberührt. Vandalische Hasdingen verlassen Galicien und ziehen über Lusitanien, wo sich ihnen die restlichen Alane anschließen, nach Baetica.
420 n. Chr.	Gunderich, der Vandalenherrscher erhält den Titel „Rex Vandalorum er Alanorum"

425-428 n. Chr. Vandalen Foederaten
Vandalen kämpfen gegen Westgoten. Cartagena und Sevilla sowie weitere Städte gelangen unter vandalische Herrschaft Vandalenkönig Gunderich fällt.

429 n. Chr. Bevor Geseirich „seine" Vandalen nach Afrika übersetzen kann, versuchen Sueben „mitgenommen" zu werden, Geseirich lehnt ab, es kommt zur Auseinandersetzung, die Sueben werden bei Merida vernichtend geschlagen. Geseirich ließ 400 Schiffe bauen, mit denen er 80.000 Menschen, Vandalen, Goten, romanisierte Bauern von Julia Traducta nach Tanger und Ceuta übersetzen ließ.

Mit genialer Geisteskraft, eiserner Energie, angeborenem Charisma aber auch Grausamkeit löste Geiserich die nun auftretenden Probleme, die für sich und die Seinen in dem neuen Land auftraten.
Wie Alarich und Stilicho sowie Attila und Aetius war auch Geiserich ein herausgehobener Führer, den vorgenannten ebenbürtig.

Das Land in das er kam, war seit langer Zeit unter römischer Herrschaft, überaus beliebt waren die römischen Herrscher nicht. Das Land, das als Kornkammer des weströmischen Reiches galt, war in sieben Provinzen unterteilt, Hauptstadt war Carthago.

Auf Geiserich wartete eine unbekannte Welt. Alles war fremd, alles war neu und anders und sicher nicht problemlos: Wirtschaftsstruktur, Religion, Kultur, Sprache, Klima.

Wie sich während des Vormarsches herausstellte, schlugen auch positive Seiten zu Buche, Bevölkerungsteile waren froh, „befreit" zu werden, römische Truppen waren dünn gesät und so gab es gegen Geiserich von dieser Seite her kaum Widerstand.

Geiserich, als alter Taktikfuchs, geht planmäßig und umsichtig vor. In 80 Tausendschaften eingeteilt, unter Führung jeweils eines Unterführers, setzte Geiserich seine Völkerschaft im Pendelverkehr über die Meerenge von Gibraltar.Die Überfahrten wurden durch Kräfte gesichert, ebenso wie während des künftigen Marsches Vorausabteilungen und Nachhuten bestimmt und eingesetzt wurden.

Nach dem Übersetzen wurde aufgeteilt und Aufstellung vorgenommen, dann begann der Abmarsch. Nach den Kampfeinheiten folgten Tausendschaften mit Versorgung, Flankenschutz erfolgte zur See und zu Lande.

Nach Überlieferung erfolgte der Marsch entlang folgender Route.

1. Abschnitt Tingitana Mauretania
   - Septem Fratres
   - Tiugis Zilis
   - Lixus
   - Banasa
   - Volubilis

2. Abschnitt Mauretania Caesariensis
   - Numerus Syrorum
   - Pomaria
   - Altana
   - Saccura
   - Tasacora
   - Portus Magnus
   - Cartenna
   - Gunnungu
   - Caesarea
   - Tipasa
   - Icosium
   - Auzia

3. Abschnitt Sitifensis
   - Sitifis

4. Abschnitt Numidia
   - Cuicul
   - Cirta
   - Calama

5. Abschnitt Africa Proconsularis
   - Thageste
   - Sicca Veneria
   - Thuburbo Majus
   - Carthago
   - Utica
   - Hippo Diarrhytus
   - Thabraco
   - Hippo Regius

Das Verkehrswegenetz der Zeit des frühen 5. Jahrhunderts im nördlichen Afrika (auszugsweise zitiert gemäß „Die Vandalen" von Professor Dr. Hermann Schreiber) sah folgendermaßen aus:

„Afrika war Europa zu keiner Zeit ähnlicher als während der späten Kaiserzeit Roms. Die gleichen Verwaltungsgrundsätze hatten hier Straßen und Städte entstehen lassen, die so unafrikanisch waren, wie man es sich nur denken kann, aber das Straßennetz hatte doch vor allem im marokkanischen Atlas keineswegs die Dichte wie in Gallien oder auch in Spanien.
Volubilis, dessen Ruinen sich an den Zerkonuberg bei Moulay Idriss lehnen, jahrhundertelang eine wichtige römische Provinzialstadt mit Tempeln und eindrucksvollen Mauern, war schon mehr als hundert Jahre von den Römern aufgegeben und maurisch geworden, als Geiserich sie mit seiner Armee erreichte. Straßen hatten die Römer zu diesem westlichen Vorposten nicht gebaut, aber es existierte auf Taza/Tasa ein römisches Kastell, das den Übergang mehr bewachte als beherrschte, was bedeutet: Es gab einen Weg, wenn er den Vandalen auch das „Letzte an Kraft und Geduld abforderte"."

Nun hatten die Vandalen Nordafrika erreicht, sie wurden verstanden als Befreier, als Eroberer, als Besatzer, als Feinde dessen, was sie vorfanden.
Dass sie sich nach ihren Vorstellungen verhielten, dürfte klar sein, den Vorstellungen aller Vorgefundenen entsprachen sie nicht.

Wie Römer und Vandalen zu jener Zeit, so drangen auch später ja sogar heute noch Völker ins Territorium anderer Völker ein, aus welchen Gründen auch immer. Einen korrekten Krieg kann es kaum geben, denn es kommen immer mehr von denen ums Leben, die es weder gewollt haben noch sich wehren konnten. Schuldige werden bei Siegen kaum verfolgt, bei Niederlagen selten zitiert werden können, da sie selbst umkommen oder Hand an sich legen.

Während der Verlierer immer gescheitert ist, als Angreifer wie als Verteidiger, hat der Sieger einer Auseinandersetzung die Chance, den Unterworfenen zu erreichen. Positiv waren die kriegerischen Unternehmungen der Römer immer dann, wenn sie nach Niederringung der Unterworfenen diese vom römischen Wesen überzeugen konnten. Insgesamt hatten sie ein Konzept, brachten Stadt, Know-How, Aufschwung, Prosperität, Fortschritt und geordnetes Leben. So entstanden blühende Provinzen wie Gallien und Spanien.

Dass irgendwann der Bogen überspannt war und dass vieles auf dem Rücken von Sklaven ausgetragen wurde, ist nicht von der Hand zu weisen.
Die neuen Germanenreiche auf römischem Boden hatten alte und neue Inhalte, man verschmolz und überdauerte die nächsten Jahrhunderte.

Dann brauchte es viel Zeit, ehe wertvolles Neues geschaffen wurde und Bestand hatte.

Possidius schreibt (auszugsweise zitiert aus „Die Vandalen" von Hermann Schreiber):

„Es geschah durch den Willen Gottes, dass eine gewaltige Schar der furchtbaren Feinde, der Vandalen und Alanen, mit verschiedenen Waffen ausgerüstet und im Kriegshandwerk geübt, zu Schiff in Afrika eindrang.
Sie wütete mit jeder Art von Grausamkeit und Rohheit, verheerte alles, was sie konnte, durch Plünderung, Mord, verschiedenste Arten von Folterung, Brandsetzung und zahllose andere unnennbare Leiden. Sie verschonte kein Alter und kein Geschlecht, nicht einmal die Priester und Diener Gottes oder die Gerätschaften der Kirchen."

Die Vandalen erreichten zunächst von Tanger über Volubilis Taza und schließlich Pomoria, Altana, ein Römerlager am mauretanischen Limes, später unter dem Namen Lamoriciere bekannt, 100 km südwestlich Oran.

Das Gebiet, das die Vandalen durchzogen, war dünn besiedelt und verursachte daher Versorgungsprobleme für die Vandalen. Sie marschierten täglich durchschnittlich 10 km und benötigten somit für die 700 km lange Wegstrecke von Tanger nach Altan ca. 70-80 Tage. Unterwegs verwüsteten sie Städte, mordeten, machten Gefangene unter den im Lande nicht „Genehmen" wie Großpächter, Steuereinnehmer, Priester. Das erfreute besonders Sklaven und Arme, für sie war es ein „Strafgericht".
Über ein Vorkommnis während des Marsches der Vandalen gibt eine Inschrift Auskunft. Unter dem Datum des Monats September des Jahres 429 n. Chr. berichtet sie vom Tod eines Römers im Kampf gegen die Barbari (Vandalen) durch das Schwert.

Nach Erreichen von Altana gelangte man durch dichter besiedeltes Land Richtung Mittelmeerküste.
Per Flotte gelang den Vandalen Nachschub mit Versorgungsgütern u.a. über den Mittelmeerhafen Cartennae = Tenes. Auf dem Weitermarsch wurde Caesara = Cherchel angegriffen und genommen. Bei Sitifi wurde das Straßennetz dichter, verzweigter.
An Untaten ließen es die Vandalen nicht fehlen, sie ermordeten die Bischöfe Vita und Urusi, Nonnen wurden vergewaltigt.
Im Frühsommer des Jahres 430 n. Chr. hatten die Vandalen Hippo Regius, ehemalige Handelsniederlassung der Phonikier, 202 v. Chr. Residenzstadt, erreicht.

Diese äußerst prachtvolle Stadt mit Villen, Forum, Thermen, Theater und Tempeln wird heute Hippone genannt. Ihr Bischof war seit 395 n. Chr. der berühmte Augustinus.

Hippo Regius. leistete den Vandalen Widerstand und verteidigte sich über 14 Monate tapfer – während dieser Zeit verstarb Augustinus –, bevor es den Vandalen in die Hände fiel. So musste der große Kirchenmann Augustinus noch den Untergang des römisch-christlichen Afrikas, hervorgerufen durch den Triumph der Arianer, miterleben.
Neben Hippo Regius leisteten auch Cirta sowie Carthago den Vandalen Widerstand. Während Geiserich Cirta nicht beachtete, gelang es ihm nicht, Carthago zu überwinden.

Possidius von Calama (auszugsweise Abschrift aus „die Vandalen" von Hermann Schreiber) schreibt dazu:

„Der Gottesmann sah ganze Städte durch Feuerbrunst zerstört, die Bewohner verjagt oder vom Feind hingemordet, Kirchen ihrer Priester und Diener beraubt, gottgeweihte Jungfrauen und Männer der Enthaltsamkeit vertrieben. Einige von ihnen waren den Folterqualen erlegen, andere durch das Schwert umgekommen. Wieder andere hatten in der Gefangenschaft die Makellosigkeit der Seele und des Leibes und die Reinheit des Glaubens eingebüßt und schmachteten nun bei ihren Feinden in harter Sklaverei.
Hymnen und Gottes Lob waren in den Kirchen verstummt, die fast allerorts in Schutt und Asche lagen. Das feierliche, Gott gebührende Opfer war an seinen Weihestätten eingestellt. Die heiligen Sakramente begehrte man nicht mehr, und wenn man sie begehrte, fand sich nur spärlich ein Spender."

In der Verteidigungswahrnehmung gegen die Vandalen hatte die Heeresleitung in Rom den Statthalter Bonifatius, der mit 500 gotischen Kriegern die Stadt Hippo Regius über 14 Monate erfolgreich verteidigt hatte, abberufen und an seine Stelle den Alanen Aspar, comes und magister militum gesetzt. Ihm gelingt es, mit Geiserich Frieden zu schließen.

Geiserich ging nach Einnahme von Hippo Regius gegen Carthago vor, es gab kurze Gefechte.

Geiserich stand hinsichtlich der Kampfeslust seiner Soldaten vor einem Problem, sie waren schlicht kriegsmüde und vor allem, sie wollten nun die Früchte – diese lagen in Form von Frauen, Land und leichterem Leben greifbar nahe vor ihnen – nach so vielen ertragenen Entbehrungen endlich ernten.

435 n. Chr.	Friedensschluss
	Rom akzeptiert Vandalen und Alanen als Foederaten in Nordafrika. Das beinhaltet die Erlaubnis, dort siedeln zu dürfen.
	Aspar kehrt mit Expeditionsarmee nach Byzanz zurück.
439 n. Chr.	Geiserich überfällt Carthago, welches ihm unterliegt. Raub, Mord, Versklavung und Kirchenplünderungen folgen auf dem Fuße. Priester, Bischöfe mussten ins Exil oder mussten als Landarbeiter dienen.
439-442 n. Chr.	Geiserich unterwirft sich mittels seiner Flotte Korsika, Sizilien, Sardinien, Nordafrikanische Küste, Balearen.

Plünderung von Rom durch die Vandalen.

Quelle: Das römische Imperium, S. 187, Verlag Naumann und Göbel

Rom musste zu seinem Leidwesen immer wieder erkennen, dass Geiserich latent zu weiteren Vertragsbrüchen neigte und es auch umgehend tat, wenn sich die Gelegenheit dazu bot.

Seine Gesetze stellte er über römische. Was man ihm überließ, gab er nicht wieder preis, was man ihm nicht über ließ, nahm er sich gewaltsam, wenn er es vermochte, sich die Chance bot.

Als nächster „Streich"erfolgte die Lossagung von Rom, Geiserich erklärte seinen Staat als von Rom unabhängig, das erste Germanenreich auf römisch-afrikanischen Boden. Rom machte es ihm in gewisser Weise leicht, da die Führung uneins war, die Herrscherin Galla Placidia spielte ihre Heerführer gegeneinander aus.
Die Vandalen zählten 200.000 Mann Kopfstärke, man blieb unter sich, Geiserich verordnet Apartheid. Hauptberuflich blieben die Vandalen vorerst Krieger. Auch ihre Leistung in der Landwirtschaft war bedeutsam.

Schwerpunkte setzt Geiserich für folgende Bereiche:
- Seefahrt, Schiffbau,
- Waffenproduktion
- Häuserbau, Brunnenbau

Mittels der intakten, gut geführten und schlagkräftigen Flotte unterjochte Geiserich das Mittelmeer, schwerpunktmäßig im westlichen Teil. Aus Stützpunkten Sardiniens und der nordafrikanischen Küste wurden Sizilien geplündert, die griechische Inselwelt verunsichert. Ravenna blieb vorerst die Rolle des ohnmächtigen Zuschauers.

Nicht so einfach war die Lage für Geiserich mit dem eroberten Carthago. Was fand Geiserich vor?
- eine Milionenstadt
- fremde Lebensweise
- andere Sprachen
- anderer Glaube
- streitbarer Klerus
- Sündenbabel

Vorrangig für die Eroberer waren Einhaltung von Ordnung und Disziplin. Schwierig gestaltete sich die täglich anstehende Sicherstellung der Ernährung.

Salvianus, Presbyter zu Marseille, schreibt (auszugsweise zitiert aus „Die Vandalen" von Hermann Schreiber):

„Wer bewundert da nicht die Völkerschaften der Germanen? Nachdem sie die reichsten Städte betreten hatten, wo diese Dinge allenthalben betrieben wurden, haben Sie die Unsitten von sich gewiesen und den Genuss des Guten gesucht.
Sie haben die Unzucht unter Männern verabscheut, ja auch die mit Frauen, weswegen sie Lasterhöhlen und Bordelle gemieden haben ebenso wie das Beilager und den Verkehr mit Dirnen.

Sie befahlen sogar zwangsweise allen Dirnen eine Ehe einzugehen und erfüllten so das Gebot des Apostels, dass jede Frau ihren Mann und jeder Mann seine Gattin haben sollte."

440 n. Chr.	Vandalen landen auf Sizilien und plündern Palermo, Ostrom machtlos. Erfolglose Putschversuche gegen Geiserich.
455 n. Chr.	Vandalen plündern Rom, Versprechen an den Papst Leo, dass Römer als „Sklaven"am Leben bleiben würden und Gebäude unversehrt blieben
457 n. Chr.	weströmischer Kaiser Maiorianus, oströmischer Kaiser Leo I
460 n. Chr.	Westrom leitet ein Angriff auf Vandalen über Mauretanien nach Karthago; Geiserich wehrt ab, zerstört Vormarschweg der Angreifer und Teile ihrer Flotte
468 n. Chr.	Weströmischer Kaiser Anthonius, Heerführer West der Suebe Ricimer, Heerführer Ost der Alane Aspar Geiserich macht weiterhin das Mittelmeer per Piraterie unsicher. Gegen ihn werden Feldzüge zu Wasser in Gang gesetzt, es gelingt, Teile von Sardinien und Sizilien zurückzuerobern. In einer folgenden Seeschlacht bei Kap Born siegt Geiserich.
477 n. Chr.	Geiserich verstirbt
478-484 n. Chr.	Nachfolger wird König Hunnerich, Schwerpunkte: Maurenkämpfe, Katholikenverfolgungen
484-496 n. Chr.	König Guntham, Schwerpunkt: Milde für Katholiken
496-523 n. Chr.	König Thrusamund, Schwerpunkt: Förderung d. Kultur
523-530 n. Chr.	König Hilderich, Schwerpunkt: Friede mit Katholiken, Maurenkämpfe
530-534 n. Chr.	König Gelimer
533 n. Chr.	Im Kampf gegen eine Invasionsarmee Ostroms unter dem Feldherrn Belizar unterliegen die Vandalen unter Ammatas und Tzazo in einer letzten, tödlichenAuseinandersetzung.

Geiserich war der geborene Führer für das Volk der Vandalen im fünften Jahrhundert nach Christus, mit allen positiven und negativen Seiten seines Charakters, seines Denkens und Handelns. Einen wie ihn gab es vorher nicht und auch nachher nicht. Geiserich war einmalig.

Sein Stern ging auf, er erkannte seine Lebensaufgabe, spürte immer im rechten Moment seine Chancen, die er eiskalt und rücksichtslos für sich und sein Volk nutzte.

Sein Wissen und sein taktisches Verständnis, seine Umsicht und Voraussicht zeigten sich bereits in Spanien. Nach der Vision, wir gehen nach Afrika, ging er sogleich ans Werk.

Zunächst musste er an Schiffe kommen, dann waren Mannschaften aufzustellen, diese über kleinere Unternehmungen zu schulen. Es galt vorausschauend, die Einsatzbereitschaft der Flotte für später im Auge zu behalten, für Eroberungen, Raubzüge und Abwehr von voraussehbaren Angriffen.

Die erste große Leistung bestand im Übersetzen seines Volkes von Spanien nach Nordafrika, eine Angelegenheit, an der die Westgoten vor ihm gescheitert waren. Ihm gelang es.

Von den Seinen verlangte er Opfer, sie wurden durcheinandergewürfelt und fanden sich erst spät wieder zusammen, sie mussten auf Besitz, insbesondere Viehbestände verzichten.

Auf spanischem Boden war noch ein suebischer Angriff abzuwehren. In Nordafrika wurde es nicht leichter, unbekannte Feinde lauerten, Versorgungsprobleme, Hitzebelastungen für Frauen und Kinder während des langen Trecks; immer stellte sich die Frage nach ausreichend und genießbarem Trinkwasser als besondere Lebensnotwendigkeit.

Wichtig war es auch, zur vorgefundenen Bevölkerung den richtigen Kontakt zu finden, sich ins rechte Licht zu rücken, als was man würde betrachtet werden, Besatzer oder Befreier.

Geiserich bewies das richtige Gespür, Armen und Sklaven kam er als Befreier, hart ging er gegen Unterdrücker vor.

Feindliche Truppen standen ihm nicht im Weg, die Städte öffneten sich. Auch die letzte Bastion konnte er knacken, nach 14-monatiger Belagerung viel das nach langem Marsch erreichte Hippo Regius, dass zur Vandalenresidenz werden sollte. Nur Karthago blieb ihm vorerst verschlossen.

Der Kampfmarsch durch Nordafrika war erfolgreich abgeschlossen, die Seestädte und ein Landstreifen entlang der Küste befanden sich in vandalischer Hand.

Um 430 n. Chr. hatte Geiserich als uneingeschränkter und erfolgreicher Führer des vandalischen Volkes einen ersten Höhepunkt erreicht.

Er hatte Land erobert, die vorgefundene Bevölkerung war nicht ausgesprochen gegen ihn.

Auf keinen Fall durften nun die Hände in den Schoß gelegt werden. Die eigentliche Arbeit begann gerade erst:

- militärische Konsolidierung zu Lande und zu Wasser
- Entwicklung einer Staatsvorstellung und Deutlichmachung derselben gegenüber Ravenna und Ostrom.
- Entwicklung von Einsatzplänen für die Flotte
- Klärung des Verhältnisses zur Kirche
- Einrichtung einer Verwaltungsstruktur über das „neue Land" unter Einbeziehung der existierenden
- Sicherstellung der Versorgung
- Schwerpunkte in Berufsausbildung und Fortbildung
- Verhältnis Vandalen - römische Bevölkerung (Apartheid)
- Einnahme Karthagos

Nach und nach verwirklichte Geiserich seine Ziele und Vorstellungen. Das ging nur mit sehr harter Hand, die Ergebnisse sind oben aufgezeigt worden.

477 n. Chr. stirbt Geiserich, hochbetagt in seiner neuen Heimat, die alte hatte er nicht mehr wieder gesehen.
56 Jahre sollte sein Reich ihn überdauern, ehe seine Nachfolger es „verspielten".

Bedauerlicherweise konnten diese seine „Führungsqualitäten" nicht vorweisen. Als weitere Gründe für das Scheitern dieses ersten und einzigen germanischen Staates auf afrikanischem Boden mögen der Apartheidgedanke sowie die Intoleranz in Glaubensfragen gelten.

Zuletzt wurde das Vandalenreich leichte Beute für das Ostrom des Justinian I.

Das Vandalenreich gehörteder Geschichte an.

Die Ostgoten

Wie die Vandalen unter ihrem starken Führer Geiserich ihr Reich in Nordafrika/Tunesien schufen und später untergingen, so erging es den Ostgoten unter Theoderich mit ihrem Reich in Italien, im Kernland des weströmischen Reiches, auch sie überlebten nicht.

Weitere Reiche schufen die Westgoten, das dauerhafteste entstand unter den Franken im ehemaligen Gallien durch den starken Führer Chlodwig I.
Weitere Reichsgründungen erfolgten durch Burgunden am Mittelrhein, später Rhone, sowie durch Alamannen auf dem Gebiet Germania Superior, Raetia I. und Agricola Decumates und auch in Britannia durch Angeln, Jüten und Sachsen. Schließlich kamen noch die Langobarden, die die Ostgoten **„beerbten"**.

Natürlich gab es Gründe, warum sich z. B. das Reich der Franken länger hielt als das der Vandalen; es war das Los dieser Völker, das einige Führer die entsprechenden Zeichen der Zeit erkannten und sie umsetzten, andere hingegen nicht.

Alle aber standen am Ende ihrer Migration und hatten zunächst ihr Ziel, das römische Territorium mit seinen begehrlichen Werten unter Zeit und Opfern erreicht. Doch für`s Überleben reichte es nicht aus, das Territorium, die Bevölkerung, die vorgefundenen Zivilisationsgüter zu zerschlagen, geboten war, sich zu arrangieren. Dies gelang nur wenigen, bestimmt den Franken.

Festzustellen ist, das sich das Endgeschehen dieser sehr mühseligen und daher besonders anerkennenswerten Migrationsleistungen der germanischen Völker auf ehemals weströmischem Staatsgebiet abspielte.
Zwar marschierten die Westgoten, lagebedingt, durch oströmisches Staatsterritorium und raubten sich reich, nur sie blieben eben nicht dort. Warum eigentlich nicht? War vielleicht sogar Rom das begehrte Ziel? Für viele andere stellte sich die Frage nicht, Gallien lag näher.

Doch zurück zu den Ostgoten. Sie waren durch die Hunnen aus ihrem vorläufigen Migrationshalt am Schwarzen Meer vertrieben worden und wurden nolens volens vom großen Strudel mitgerissen, von dem sie sich erst nach Attilas Tod befreien konnten.

Zu Beginn des Hunnensturmes siedelten die Ostgoten zwischen Dnjestr und Dnjepr, zusammen mit den Herulern, seit etwa 220 n. Chr.

Dann, im Jahre 375 n. Chr. trieben die Hunnen die Ostgoten vor sich her, mit dem Ergebnis, dass Teile besiegt wurden und Teile zunächst freiwillig mit den Hunnen nach Westen zogen.
Große Teile flohen nach Westen. Ihr langjähriger Migrationsaufenthalt erfuhr einen Stopp, die Wanderung ging weiter, dabei glich sie eher einem fortwährenden Raubzug.

Die Hunnen hatten sich im ehemaligen Gebiet der West-und Ostgoten zwischen Dnjepr und Karpaten vorerst niedergelassen und machten das Gebiet unsicher. Sie verblieben dort nebst den „zugehörigen" germanischen Völkerschaften, Alanen, Herulern und Ostgoten bis etwa 420 n. Chr.

420 n. Chr. verlagerten sie ihren Sitz in die Theißebene, hatten sich etabliert. Vom schwachen Ostrom forderten und erhielten sie Tribut, für Westrom unter Stilicho hatten sie sich als Söldner verdingt.

Stilicho benötigte inzwischen dringend ihre Hilfe und Kampfkraft gegen ein großes ostgotisches Heer, das das Kernland Italien von Osten her bedrohte, es bestand die Gefahr der Vereinigung der westgotischen Kräfte unter Alarich mit den Ostgoten unter Radagais.
Es waren die ursprünglich vor den Hunnen geflohenen Ostgoten, die in Westpannonien saßen und die geflohenen Westgoten, die nach Überquerung der Donau zu Fuß von Nord nach Süd und anschließend von Süd nach Nord den Balkan durchquert hatten.
447 n. Chr. sieht die Hunnen sogar in Valeriae, sie sind zeitgleich in west- wie oströmischen Diensten.
451 n. Chr. erfolgt dann unter Attila der groß aufgelegte Beutezug ins reiche Gallien, mit dabei sind die unter Oberhoheit der Hunnen stehenden germanischen Völkerschaften, u.a. die Ostgoten. Der Zug nach Gallien geht weit nach Westen, bis nach Orleans, dann entschließt man sich, sich zurückzuziehen. Rom hatte gegengehalten.
Westrom unter Aetius mit Römern und Westgoten als Verbündeten verfolgt und stellt die Hunnen, es kommt am 20. Juni – nach Überlieferungen – zur Schlacht auf den Katalaunischen Feldern, viele Ostgoten fallen.

Jordanis schrieb in "Gotengeschichte" (auszugsweise zitiert gemäß Übersetzung Dr. Wilhelm Martens. Herausgegeben von Alexander Heine)

„Die Ostgoten hatten sich nicht einmal weigern dürfen, den Kampf gegen die ihnen stammverwandten Westgoten aufzunehmen; sie mussten der Gehorsamspflicht gegen ihren obersten Herren genügen, selbst wenn ihnen dieser damit einen Verwandtenmord befahl.

Keiner der skythischen Völkerstämme hatte sich damals von der hunnischen Oberherrschaft loszureißen vermocht, wäre nicht das von allen Völkern herbeigesehnte Ereignis eingetreten: Der Tod Attilas."

453 n. Chr.	Tod Attilas
454 n. Chr.	Schlacht am Nedao (Pannonien) unter dem Gepiden Ardarich kämpfen Germanen, u.a. Ostgoten, gegen die Hunnen unter Attilas Sohn, Ellak. Germanen bleiben siegreich, 40.000 tote Hunnen, unter ihnen Ellak. Nach Abzug der Hunnen besetzen Ostgoten das Gebiet zwischen Theiß und Donau.
455 n. Chr.	Erneuter Kampf im Save/Drau Gebiet, Hunnen werden vom OstgotenValamir und seinen Kriegern besiegt.
462 n. Chr.	Erfolgreicher Überfall der Ostgoten auf Hunnen in deren Siedlungsgebiet ander unteren Donau.
464/466 n. Chr.	Letzte Auseinandersetzung, die Hunnen werden endgültig geschlagen.

Im Theiß-Donau-Plattenseegebiet zwischen Sirmium und Vindobona leben und herrschen nun die Ostgoten.

Damit hatten sich die Ostgoten einen zentralen Platz im römischen Reich erobert, einen Platz, den auch Attila innehatte und den er zu nutzen verstand.
Gemeint ist das Donauknie um Aquiucum in der Provinz Valeria.
Man konnte nun besser Einfluss nehmen ins Weströmische über den Plattensee, Poetovio, Emona, Aquileia und Florentia zunächst nach Rom, später nach Ravenna sowie ins Oströmische über Sirmium, Naissus, Serdica, Philippopolis, Hadrianopolis nach Constantinopolis.
Beide Entfernungen der vorgenannten Strecken gaben sich nicht viel.

Zu diesem Zeitpunkt siechte das weströmische Reich dahin, es wurde dem Druck der Germanen im Grunde nicht mehr Herr, der Zusammenbruch war eine Frage der Zeit.
Die Truppen bestanden schon lange aus fremden Söldnern, die germanischen Führer waren immer mächtiger geworden und hatten praktisch das Heft in der Hand. Sie bestimmten, wer wie lange als Marionette Kaiser des weströmischen Reiches wurde, Kaisermacher waren u.a. Ricimer und Gundobad. Sie wechselten die Kaiser nach Belieben, sie wechselten in schneller Folge.

Mit der schändlichen Ermordung des loyalen römischen Heerführers Aetius im Jahre 454 n. Chr. hatte der rasante Niedergang seinen Anfang genommen; Aetius' Mörder, der unselige Kaiser Valentinian III, fand 455 n. Chr. die gerechte Strafe.Es folgten:

455 n. Chr.	Petronius Maximus
455-446 n. Chr.	Avitus
457-461 n. Chr.	Maiorianus
461-465 n. Chr.	Libius Severus
467-472 n. Chr.	Anthemius
472 n. Chr.	Olybrius
473-474 n. Chr.	Glycerius
474-475 n. Chr.	Nepos
475-476 n. Chr.	Romulus Augustulus

Während dieser Jahre herrschte in Ostrom praktisch nur ein Kaiser, Leo I., die dortigen Verhältnisse waren somit deutlich stabiler.

Auch Ostrom litt unter germanischen Druck, war jedoch besser als Westrom in der Lage, ihm – kraft seiner Heere – standzuhalten.

Ein besonderes Verhältnis bestand zwischen Ostrom und den in Valeriae herrschenden Ostgoten. Diese unterstützten es, eroberten Singidunum und erhielten Gebiete in Moesia Inferior.
Im Jahr 454 n. Chr. wurde dem Ostgotenherrscher Theudimir ein Sohn geboren, Theoderich. Man entsandte ihn als Geisel, als Vertrauensbeweis nach Konstantinopel, an den dortigen oströmischen Hof.

Im Jahr 474 n. Chr. erhoben die Ostgoten Theoderich zu ihrem König.Zeno, der oströmische Kaiser jener Zeit, wurde aktiv. Er überredete die Ostgoten, unter Theoderich nach Italien zu ziehen.Dort sollte er nach dem Willen Zenos den Kampf gegen den Ostrom nicht genehmen Skiren-Herrscher aufnehmen, diesen beseitigen und sich an dessen Stelle setzen. Gesagt, getan, hochmotiviert.

Die Vision der Selbstverwirklichung, der Gründung eines eigenen großen Reiches auf zentral römischen Boden war in greifbare Nähe gerückt. Das Ziel der Migration greifbar nahe, zumal ausgestattet mit dem Segen Ostroms. Das ließ sich Theoderich nicht zweimal sagen.
Und wie dachte Ostrom insgeheim? Man hoffte, zwei Fliegen mit einer Klappe zu schlagen, die Ostgoten nicht mehr unmittelbar vor der Haustür, den nicht genehmen Odoaker ausgeschaltet.

Unter Zurücklassung nur weniger in der „alten"Heimat trat Theoderich mit der Masse seiner Ostgoten den Marsch ins Ungewisse an, sicher, dass es nicht ohne Blutzoll abgehen würde.
Zu seiner Unterstützung folgten ihm die Rugier, ebenfalls ein germanischer Volksstamm.

Die Ostgoten marschieren entlang Donau, Save bis zum Isonzo Richtung Aquileia. Bei Sirmium überrennen sie Einheiten der Gepiden.

Im weströmischen Kaiserhof zu Ravenna hatte hunnischer Einfluss erheblich an Bedeutung gewonnen, ein gewisser Orestes nahm die Funktion eines Protokollchefs wahr. Seine Macht war so gewachsen, dass der amtierende Kaiser Nepos die Residenz verlassen hatte und nach Dalmatien floh.
Im Jahre 475 n. Chr. setzt Orestes seinen Sohn Romulus als Kaiser Westroms ein, Ostrom unter Kaiser Basiliskos anerkannte die getätigte Ausrufung nicht.
476 n. Chr. setzte im Gegenzug der germanische Heerführer Odoaker den Romulus als Kaiser Westroms ab.

Damit hörte das weströmische Kaiserreich auf zu existieren.

Germanenfürst Odoaker nimmt Romulus 476 n.Chr. die Krone und den Purpur und schickt den Kind-Kaiser in Pension. (Gemälde von Christian B. Rode, ca. 1760)

Quelle: Das römische Imperium, Friedemann Bedürftig, Naumann & Göbel Verlag, S. 191

Da es den Germanen verwehrt blieb, römischer Kaiser zu werden, gingen Macht, Aufgaben und Ansprüche auf Ostrom über, wenn auch nicht de facto.

In der Zwischenzeit hatte sich Odoaker, Sohn des Edekou, Skirenherrscher und Attila-Vertrauter, als Soldat emporgedient und bekleidete nun den Posten des Führers der germanischen Hilfstruppen der Leibwache des weströmischen Kaisers am Hof zu Ravenna.

Zwischen ihm und Orestes kam es zum Kampf um die Macht. Odoaker führte seine Kräfte gegen die des Orestes bei Pavia, tötete jenen und besiegte dessen Truppen.
Odoaker festigte seine Macht, er ließ sich vom oströmischen Kaiser als Patricius anerkennen.

Als weiterer Aspirant der Macht im ehemaligen Weströmischen Reich galt weiterhin Theoderich, der junge ostgotische König, gestützt durch seine Hausmacht, Ostgoten und Rugier.

Odoaker begann flugs als Patricius von Ravenna aus mit seiner Regierungstätigkeit. Als erstes nahm er die alte Verfahrensweise wieder auf, nach welcher römischer Landbesitz zu einem Drittel an neu siedelnde Germanen übertragen wurde.
In diesen Genuss gelangten Skiren, Heruler, Alanen und Turzilinger.

Das bisherige praktische Leben nahm seinen Fortgang:

- Römisches Recht blieb in Kraft.
- Römische Verwaltung fungierte weiterhin.
- Katholische Kirche erfuhr keine Einschränkung
- Senat von Rom wurde nicht verändert.
- Steuergesetze galten ohne Abstriche.

So hatte Theoderich, der Ostgote, es im Grunde schwer, ohne präzisen Anlass, getragen womöglich vom Volk, eine intakte Herrschaft vom Sockel zu stoßen.

Der bisher fehlende Anlass wurde schließlich doch noch gefunden. Ausgangspunkt wurde die Tatsache, dass Odoaker die Herrschaft über Italien quasi ohne Legitimation an sich gerissen hatte und nun ungehindert ausübte.

Theoderich verstand sich nun als Vollstrecker des kaiserlichen Befehls, aufgrund dessen im Teilgebiet Italien ein rechtlicher Zustand ordnungsgemäßer Regierungstätigkeit wiederherzustellen war.

So kam es zu den Auseinandersetzungen, an deren Ende Theoderich obsiegt und Odoaker nicht mehr im Amt war.

488 n.Chr.	Ostgoten unter Witiges besiegen Gepiden des Odoaker am Fluß Ulca.
489 n. Chr.	Theoderich siegt am Isonzo. Venetien wird ostgotisch. Odoaker zieht sich zurück.
489 n. Chr.	Theoderich besiegt Odoaker erneut, beherrscht Verona, Norditalien mit Mailand und Pavia.Odoaker zieht sich zurück nach Ravenna.
490 n. Chr.	Odoaker erobert Norditalien zurück, Theoderich zieht sich zurück ins Tessin und wird belagert. Mit westgotischer Hilfe befreit er sich, Odoaker zieht sich zurück nach Ravenna.
490-493 n. Chr.	Theoderich erobert Italien bis nach Kalabrien, Sizilien erhielt er als Geschenk vonden Vandalen.
493 n. Chr.	Theoderich siegt in der Auseinandersetzung um Ravenna.

Noch war Theoderich nicht am Ziel, doch das Ende Odoakers war in Sichtweite. Theoderich griff zur List, später zum Verbrechen. Über Bischof Johannes II. ließ er Odoaker anbieten, mit ihm gemeinsam die Herrschaft über Italien auszuüben. Es kam zum Friedensschlussangebot, Odoaker nahm an.

Theoderich sicherte dem Odoaker eidlich zu, er werde Freiheit und Leben behalten.

493 n. Chr.	Während eines Festgelages, an dem beide teilnehmen, zieht Theoderich sein Schwert, stößt es von oben neben der Schulter durch den Körper des Odoaker nach unten hindurch und tötet diesen dadurch.

Theoderich machte weiter und löschte sein Gegenüber komplett aus:

- die Frau Odoakers, Gunigilda, ließ er im Kerker verhungern,
- sein Bruder fand auf der Flucht den Tod,
- sein Sohn wurde in Gallien ermordet.

Odoakers Truppen wurden in ihrem Garnisonen überfallen und getötet. Auf grausame und unredliche Art und Weise hatte sich Theoderich der Herrschaft bemächtigt.

Nicht nur, dass er einen Vertrag gebrochen hatte, zum Mord sich hatte hinreißen lassen, auch das eherne Gesetz der Gastfreundschaft hatte er gröblichst mißachtet. Skrupellos und bedenkenlos war Odoaker überrumpelt worden.

Die angebotene Mitregentschaft war von vornherein „vergiftet", die Versöhnung war gespielt und vorgetäuscht, der redlich naiv glaubige Odoaker musste es mit dem Leben bezahlen.

Theoderich und mit ihm seine „Ostgoten" waren im Kernland Italien, dies Migrationsziel galt als erreicht, das Hauptziel des Überlebens war nun, die Konfrontation mit der vorgefundenen Bevölkerung weitgehend zu vermeiden und ein Miteinander auf gedeihlicher Basis zu finden.

Prokop schreibt in "Der Goten-Krieg" (auszugsweise Abschrift nach der Übersetzung von D. Coste):

„Nach Ermordung des Odoaker herrschte Theoderich unangefochten über Goten und Italiker. Namen und Insignien des Kaisers anzunehmen hielt er nicht für angezeigt, sondern ließ sich zeitlebens König nennen - so pflegen nämlich die Barbaren ihre Heerführer zu bezeichnen. In Wirklichkeit jedoch war das Verhalten seiner Untertanen zu ihm ganz wie zu einem Kaiser.
Seine gewaltige Hand sorgte für Gerechtigkeit allerwegen und war ein starker Schirm für Recht und Gesetz. Vor Einfällen benachbarter Barbaren bewahrte er sein Land; seine Weisheit und Tapferkeit waren gefürchtet im Erdenrund.
Weder ließ er sich irgendein Unrecht gegen seine Untertanen zuschulden kommen, noch ließ er einem anderen derartiges durchgehen.

Nur den Teil der Landgüter, den Odoaker seinen Parteigängern zugewiesen hatte, überließ Theoderich seinen Ostgoten. So war Theoderich dem Namen nach ein widerrechtlicher Eindringling, in Wirklichkeit aber ein rechter Kaiser, nicht um Haaresbreite geringer als irgendeiner von denen, die sonst diese Würde bekleidet haben.
Obgleich es dem menschlichen Charakter zu widersprechen scheint, liebten und verehrten ihn tatsächlich Goten und Italiker ohne jeglichen Unterschied."

Theoderich erhält Lob und Anerkennung vom oströmischen Hof für seinen erzielten Erfolg.

In der Regierungstätigkeit hielt sich Theoderich an das, was im Prinzip auch Odoaker praktiziert hatte:

- römische Beamte verblieben auf ihren ausgeübten Dienstposten
- Römisches Recht blieb weiterhin gültig
- Theoderich übte „religiöse Toleranz"

An seinem Hofe umgab er sich „mit klugen Köpfen" jener Zeit, Rhetoriker Boethius, Historiker Cassiodorus.

498 n. Chr.   Oströmischer Kaiser Anastasius anerkannte Theoderich formell, er übersandte Purpur-Ornat.

Theoderich gestaltete, reformierte, schuf Neues und erreichte Frieden und Prosperität:

- Reinigung des Beamten- u. Justizapparates
- Vereinfachung des Steuersystems
- Forcierung des Hafenbaus
- Trockenlegung von Sümpfen
- Erhöhung der landwirtschaftlichen Produktion
- Anlage von Großbauten in Verona und Ravenna.

Während der ostgotischen Regierung über Italia und unter Theoderich, der sich als Vertreter und Statthalter des oströmischen Kaisers fühlt, also in der Zeit von 493-526 n. Chr. nehmen die Römer die Aufgaben der Verwaltung, der Händler, Handwerker sowie des Bauernstandes wahr, die Ostgoten bilden den Kriegerstand, leben nach gotischem Recht und bleiben unter sich, getrennt von den Römern.

Die von Theoderich bewusst oder instinktiv erhoffte Verschmelzung von Römern und Ostgoten fand nicht statt, was wie bei den Vandalen letztendlich mit ein Grund für den Untergang dieser germanischen Volksstämme wurde. Diese Nichtbeachtung ließ den so großartigen und hart errungenen Erfolg der Migration scheitern. Dies sollte sich nach Theoderichs Tod noch weiter herauskristallisieren.

Auch außenpolitisch blieb Theoderich nicht untätig und versuchte sich mittels eines gängigen Konzeptes Gehör, Geltung, Ansehen und Macht zu verschaffen. Ihm war klar und das verfolgte er auch, dass die weit voneinander entfernt auf sich gestellten Germanenreiche eigentlich nur überleben konnten, wenn sie stets und ständig bereit waren, sich gegenseitig zu stützen.

Theoderich schwebte es vor, die Germanenstaaten unter seiner Führung zu einem Staatensystem zusammenzufassen. Das bewährte Mittel dazu bestand in der gezielten Heiratspolitik. Folgende Verbindungen wurden geschlossen:

Ostgoten/Franken	Theoderich - Audofleda
Ostgoten/Westgoten	Thiudigotha - Alarich II.
Ostgoten/Burgunder	Ariadne - Sigismund
Ostgoten/Vandalen	Amalafrida - Thrasamund
Ostgoten/Thüringer	Amalaberga - Herminafried

Doch wie es so ist, die schönsten Rechnungen gehen meistens nicht auf, weil irgendjemand den „berühmten" Strich durch sie macht. Dieses Mal war es der Franke Chlodwig, der fortwährend durch seinen Expansionsdrang Unruhe schaffte, durch seine Angriffe z. B. auf die Westgoten wie auf die Thüringer; auch glaubensmäßig ging er eigene Wege. Bezeichnend wiederum ist aber auch, dass Chlodwigs Frankenreich die übrigen großen Germanenreiche überdauerte.

Die außenpolitische Lage blieb schwierig, es war nie ganz gefahrlos und Theoderich musste immer auf der Hut sein.
Darin unterstützte ihn sein starkes Heer, mit dem er in Stärke von 100.000 ostgotischen Kämpfern ursprünglich über Sirmium nach Verona einmarschierte, unterwegs bravourös die Gepiden schlagend.
Theoderich selbst war und blieb der Armeeführer, nach Besetzung des Landes hatte er es so organisiert, dass jeder Provinz ein gotischer "comes" vorstand, der die militärische Macht hatte und dem eine Garnison mit ostgotischen Kriegern zur Aufrechterhaltung von Ruhe und Ordnung zur Verfügung stand. Im Notfall würden Kräfte zur äußeren Landesverteidigung zusammengezogen werden.

Im Norden wird Ostgotien durch Raetia I und II, wie durch Noricum rispense und mediteraneum begrenzt. Im Osten liegt jenseits der Adria die Provinz Dalmatien mit Savia, im Süden Sizilien.
Die Grenze zu den Westgoten bildet im Westen die Rhone.Somit gilt es, ein großes Gebiet abzudecken und an den Grenzen die Kontrolle zu behalten. Aber auch durch die erfolgte Heiratspolitik hatte er sich um sein Reich einen Kordon von Bündnissen geschaffen, das doch einigen Schutz gewährleistete. Immerhin hatte er ja das von allein an der Migration beteiligten Germanenstämmen begehrte Kernland Italien für sich erobern können. So hätten ohne Diplomatie und Heiratsbündnisse unweigerlich gedroht im Norden die Franken und Thüringer, im Nordosten die Gepiden und Langobarden, im Süden die Vandalen und im Westen die Burgunder und Westgoten.
Kraft dieser Vorsichtsmaßnahmen hatte er nur anfangs des 6. Jahrhunderts eine Auseinandersetzung mit den Gepiden zu bestehen. Im Frieden mit Anastasius trat Theoderich einen Teil von Pannonien an Ostrom ab.

Um 500 n. Chr. befand sich Theoderich auf dem Zenith seiner Macht, Herrscherzeit. Einigkeit herrschte ebenfalls mit Rom, Rom huldigte ihm, er huldigte Rom; seine Anerkennung Roms bestand auch darin, dass er den Senat weiterhin gewähren ließ. Der Senat blieb zuständig für das Erziehungswesen, den Geldverkehr und die Verwaltung öffentlicher Gebäude.

507 n. Chr. sah Chlodwig I. auf dem Höhepunkt seiner Macht, gerade war es ihm gelungen, die gegnerischen Westgoten im Süden Frankreichs endgültig zu schlagen und aus dem Land zu vertreiben.

Die Westgoten gaben ihr tolosanisches Reich auf, zogen sich über die Pyrenäen nach Spanien zurück und gründeten in Zentralspanien das toledanische Reich.

Der Enkel des Ostgotenkönigs Theoderich Amalarich, zu der Zeit noch ein Kind, wurde westgotischer König.

Für ihn übernahm Theoderich stellvertretend die Regentschaft, so wurde das neue westgotische Reich mit der Hauptstadt Toledo zwischen den Jahren 507 und 526 n. Chr. durch ihn geführt. Für sein eigenes, ostgotischen Reich, sicherte sich Theoderich die Gebiete um Arles und Narbonne (Septimanien).

Theoderich hatte durch Übernahme der Regentschaft und Annexion von Septimanien Stärke gezeigt. Das war nötig, insbesondere gegenüber den Franken unter Chlodwig, die nach erfolgreichen Kämpfen gegen Burgunden und Alamannen näher an die ostgotischen Bereiche gelangt waren.

Einen bestimmenden Einfluss auf Verhalten und Handeln erreichte Theoderich gegenüber Chlodwig nicht, gegen die Burgunden hatte Theoderich seine Liebe Müh und Not, waren sie doch in Norditalien eingefallen und erst dann zum Abzug bereit, als Theoderich seine gefangenen Landsleute gegen ein Lösegeld freigekauft hatte.

Probleme gab's in den letzten Lebensjahren mit Ostrom, das nun ein neuer Mann anführte, Kaiser Justinus I. – dieser hetzte Geistliche, Intellektuelle und Senatsmitglieder gegen Theoderich auf. Theoderich sah zuletzt „rot", vermutete überall um sich herum Verrat, engste Mitarbeiter und herausragende Persönlichkeiten wie Symmachus und Boethius wurden verurteilt. Theoderich wähnte von Freunden sich verlassen und von Feinden umgeben.

Die letzten Jahre belasteten den großen Herrscher Theoderich schwer. Zunächst setzt er den Papst ab. Neben den Prozessen gegen Symmachus, Boethius und Albinus, dem hochverräterischen Briefwechsel mit Byzanz vorgeworfen wurde, plagte Theoderich die innere Lage seines Reiches.

Der „Furor Teutonicus", mit dem er als jugendlicher Held angetreten war, der ihn zu Erfolgen führte und stets Flügel verlieh, war erloschen, die Stoßkraft eingebüßt, motivierende Ziele gab es keine mehr.

Wilde Rosse schnaubten nicht mehr, die Schwerter blieben in den Scheiden und setzten Rost an.

Die zwar erwünschte, aber nicht eingetretene Vernichtung der Ostgoten und Italiker tat ein Übriges, die zahlenmäßige Schwäche der rein ostgotischen Volksteile trat zutage. Seine Engsten starben ihm weg, die geistlichen Berater, der starke Vandale Thrasamund und dann auch Eutharich, von Byzanz akzeptierter Nachfolger, sein Schwiegersohn.

Theoderich verstarb am 30. August 526 n. Chr.

Zunächst bewies Theoderich einmal Größe, er respektierte die römische Kultur, in dieser Hinsicht konnte sich das eroberte Land glücklich schätzen. Natürlich unterliefen ihm auch Fehler, nicht richtig war wohl die Entscheidung für seine Ostgoten, das Kriegshandwerk vorzusehen und die Römer zu entwaffnen; gleich verhängnisvoll sollte es sich erweisen, nur den Römern den Beruf des Verwaltungsbeamten zuzuweisen.

Aus welchen Gründen auch immer, wie das Vandalenreich 534 n. Chr. nicht überstand, erlebte das Ostgotenreich das Jahr 553 n. Chr. nicht.

Theoderichs Nachfolger als ostgotische Könige waren:

526-534 n. Chr.	Athalarich
534-536 n. Chr.	Theodahad
536-539 n. Chr.	Witigis
539-541 n. Chr.	Ildibad
541 n. Chr.	Erarich
541-552 n. Chr.	Totila
552 n. Chr.	Teja

Was geschah nach Theoderichs Tod, wie gestaltete sich der Untergang des ostgotischen Reiches in den nur noch 27 Jahren seines Bestehens? Nachfolger Theoderichs wurde der 8-jährige Athalarich, er verstarb mit 16. Für ihn regierte das Ostgotenreich die Mutter Amalasuntha, unterstützt durch Cassiodorus.

Innenpolitisch harrten als vordringliche Aufgaben nachstehend aufgeführte, nicht immer wurde eine Lösung erzielt:

- Abbitte an die Erben der zuvor Hingerichteten
- Amnestie für Verurteilte
- Geschenke an die Oberschicht
- Steuernachlass für Arme
- Ausgleich mit Italikern

Außenpolitisch galt es, mit der neuen Staatsführung Ostroms zu einem Konsens zu kommen, was nicht gelang.

Der neue Herrscher Justinian I. war beseelt von der Idee das „Römische Imperium" von 395 n. Chr. unter seiner Führung wieder erstehen zu lassen. Germanenreiche auf römischen Boden hatte es nicht mehr zu geben. Basta!

Ostrom verfügte über Stärke und Handlungsfreiheit; es war unbedrängt, reich an Geld und Ressourcen und hatte eine schlagkräftige Armee. Mit Belizar und Narses verfügte Justinian über zwei ausgezeichnete Feldherren, die ihr Handwerk beherrschten und den Germanen wohl in dieser Position nicht nur ebenbürtig sondern auch überlegen waren.

In den Jahren 533/534 n. Chr. wurde als erstes das Vandalenreich in Nordafrika zurückerobert.
Anschließend gab es die Auseinandersetzung mit den Ostgoten im italienischen Kernland.
540 n. Chr. kämpfte sich das oströmische Heer von Süden her über Rom bis nach Ravenna vor, wohin die Ostgoten zurückgedrängt wurden.

Justinian mit Gefolge. Quelle Deutsche Geschichte S. 127, Verlag von Velhagen und Klasing

Im Jahre 540 n. Chr. geriet Ostrom in schwere Bedrängnis durch Angriffe der Hunnen und Awaren an der unteren Donau wie auch durch Angriffe des Perserkönigs Chosros I., der die Stadt Antiochia zerstörte.
Erst im Jahr 552 n. Chr. erzielte der oströmische Feldherr Narses abschließende Siege über die Ostgoten, gegen Totila bei Tadiniae und gegen Teja am Vesuv.

Ostgotien war nicht mehr, das italienische Kernland der Italiker stand von nun an unter byzantinischer Verwaltung.

Ostrom strebte nun an, auch Spanien zurückzuerobern, 552 n. Chr. gelang es, Teile Südostspaniens den Westgoten zu entreißen und für Ostrom einzuverleiben.

Das italienische Kernland war in der Folgezeit zum Objekt der Begierde der Langobarden geworden, dem Letzten der germanischen Migrationsstämme. 568 n. Chr. tauchte er in Norditalien auf und eignete sich Teilgebiete an.

In dieser Zeit verstirbt Justinian I., der letzte große Kaiser der römischen Kaiserzeit. Während Rom und das weströmische Reich bereits „untergegangen"waren, wandelte sich auch das oströmische Reich, es entwickelte sich der nach Osten gerichtete byzantinische Staat.

Noch ein kurzer Rückblick auf das Geschehen zwischen Ostgotien und Ostrom, das zum Untergang des Ersteren führen sollte:

Zunächst führte bekanntlich Amalasuntha das Ostgotenreich für den minder-jährigen Sohn Athalarich. Gegen Amalasuntha regte sich von Ministern und Heerführern Widerstand, da sie Römertum und klassische Bildung und somit oströmische Geisteshaltung favorisierte, das war antigotisch. Sie ging noch weiter, ließ Widersacher töten.

535 n. Chr. starb ihr Sohn Athalarich, umgehend bestimmte sie ihren Neffen Theodahad zum neuen Gotenkönig. Theodahad wies ihr ein Domizil auf der Martana-Insel im Bolsena-See an, das ihre letzte Wohnstätte werden sollte. Parteigänger der umgebrachten Goten übten Rache.

Die Tötung „seiner Amalasuntha" blieb Ostrom natürlich nicht verborgen, das Geschehen bedeutete einen Affront erster Güte. Ostrom musste handeln und tat es auch. Man hatte nun aus oströmischer Sicht einen „nicht zu widerlegenden und berechtigten Anlass" zu marschieren - was ja ohnehin irgendwann passiert wäre, im Rahmen der Ausführung von Justinians Plan der Wiederherstellung der Einheit des Imperiums.

Belisar landet mit seinen oströmischen Soldaten auf Sizilien und nimmt es. Anschließend erobert er Neapel, der schwache amtierende ostgotische König Theodahad vermag Belisar nicht aufzuhalten.

Als nächstes musste Belisar zwar den tapfer kämpfenden Witiges und dessen Truppen niederringen, doch es gelang ihm und er konnte anschließend sogar Rom für Ostrom einnehmen.

Obwohl Rom schwer zu verteidigen, leicht auszuhungern und einzunehmen war, war der Sieg doch ein gewisser Prestigeerfolg für den gewieften Belisar.

Witiges hatte er zwar niederringen, aber nicht endgültig besiegen können, Witiges war es inzwischen gelungen, in Norditalien ein Heer zu sammeln, es aufzurüsten und mit ihm vor Rom aufzutauchen. Die Einschließung gelang nicht, der Tiberweg blieb zum Meer hin offen. Die Belagerung blieb erfolglos, es kam zum Waffenstillstand zwischen Witiges und Belisar, der Rom geschickt verteidigte.
Witiges zog sich nach Ravenna zurück, Belisar verließ Rom ebenfalls und brach mit seinen Truppen nach Norditalien auf. Zunächst nimmt er Mailand ein, anschließend ebenfalls Ravenna, zugleich wird Witiges sein Gefangener.

Witiges folgten Ildibad und Erarich im Jahr 541 n. Chr. gleichsam als Zwischenlösung. Ersterer war zwar energisch, doch blindwütig, ihn ermordete ein Leibwächter, letzterer, ein Rugier, musste dem kühnen Totila weichen.

Totila fackelte nicht lange, er machte sich flugs ans Werk, er trat an und eroberte Italien zurück für die Ostgoten – ausgenommen Ravenna. Sogar Korsika, Sardinien und Sizilien gerieten erneut unter ostgotische Herrschaft.
Neapolitanern gewährte er Nahrung und freien Abzug, Benevent machte er dem Erdboden gleich, in Rom wurden die Stadtbefestigungen geschleift, die Bewohner mussten die Stadt verlassen, sie blieb daraufhin 40 Tage menschenleer.
Das alles geschah zwischen 541 und 543 n. Chr.

Ein Frieden mit Justinian I. erfolgte nicht, auch den Senat konnte Totila nicht für sich gewinnen. 549 n. Chr. nahm Totila Rom erneut ein.
Justinian löste Belisar ab und ersetzte ihn durch Narses, der mit 1200 Mann über Aquileia in Italien einmarschierte. Hunnen, Langobarden, Heruler, Gepiden, Perser und Griechen begleiteten ihn. Totila hatte 2000 Goten als Verstärkung erhalten.
Bei Tadino in Umbrien traf man aufeinander.

Narses siegte, 6000 Ostgoten blieben auf der Walstatt. Totila floh verwundet, da traf ihn noch ein Gepidenspeer in den Rücken; bei Capras verstarb der Gotenführer und wurde eilig verscharrt.

Gregorovius schreibt: „Wenn die Größe des Helden nach der Menge der Hindernisse, die er zu überwinden,oder nach der Widerwärtigkeit des Schicksals, welches er zu bekämpfen hat, gemessen wird, so ist Totila der Unsterblichkeit noch werter als Theoderich."

Narses rückte auf Rom vor, das einerseits durch die Ostgoten nicht mehr geschützt werden kann, andererseits durch die Oströmer nicht komplett eingeschlossen werden konnte - so schwach an Zahl waren inzwischen beide Seiten durch die erfolgten Kämpfe. Dennoch gelang es den Oströmern schließlich, Rom zu erobern.

Die Ostgoten flohen nach Norditalien, stellten sich neu auf, wählten Teja zum König. Sofort ziehen sie nach Süden und liefern sich am Fluss Sarnus ein weiteres Gefecht mit den Oströmern.

Prokop schreibt in "Der Goten-Krieg" (auszugsweise Abschrift gemäß Formulierung H. Schreiber „Auf den Spuren der Goten", Übersetzung von D. Coste):

„Die Verzweiflung erhöhte die Kraft des Gotenheeres; aber auch die Römer leisteten, obgleich sie sahen, dass der Feind wie wahnsinnig focht, mutigen Widerstand; denn sie schämten sich, vor der geringen Zahl von Feinden das Feld zu räumen.
So stürmten beide Teile wutentbrannt aufeinander ein, die einen, um den Tod zu suchen, die anderen, um den Lohn der Tapferkeit zu gewinnen.
... Weithin kenntlich, den Schild vorhaltend und die Lanze zum Stoß vorgestreckt, stand Teja, Freund und Feind sichtbar, vor seinem Schlachthaufen. ... Eben wurde der von zwölf Speeren starrende Schild seinem Arme schwer ... Der Gerufene reichte sofort einen anderen Schild und der König vertauschte alsbald den von Wurfgeschossen beschwerten Schild gegen einen neuen.

Nur einen Augenblick blieb dabei seine Brust unbedeckt, und in diesem Augenblick traf ihn ein Wurfspeer und tötete ihn auf der Stelle.

Die Römer schnitten der Leiche das Haupt ab, steckten es auf eine Lanze und zeigten es, hocherhebend und herumtragend beiden Heeren; um so zuversichtlicher, so hofften sei, würden die Ihrigen vorgehen, die Goten aber alle Hoffnung sinken lassen und die Waffen strecken.

Aber auch jetzt gaben die Goten den Kampf noch nicht auf. Bis in die Nacht stritten sie fort, obwohl sie wussten, dass der König tot sei. Die Nacht trennte endlich die Kämpfenden, aber an derselben Stelle harrten beide Heere bewaffnet aus, und sobald am anderen Tage das erste Licht den Himmel rötete, erhoben sie sich wieder gegeneinander und kämpften bis zur Nacht, trotzig entschlossen, nicht zu weichen, nicht zu fliehen.

Endlich sandten die Barbaren einige ihrer angesehensten Männer zu Narses und ließen ihm kundtun, sie sähen ein, dass sie wider den Willen Gottes den Kampf führten.

.. Sie baten also die Römer, sie möchten sie ungestört abziehen und ihren weisen Entschluss nicht bereuen zu lassen. Als Wegzehrung sollten die Römer ihnen die Schätze geben, die sie früher in den festen Plätzen Italiens niedergelegt hätten...

.. So wurden denn ein Vertrag gemacht, nach welchem alle Barbaren, die am Leben geblieben waren, sogleich Italien zu verlassen hatten und keinen Krieg mehr mit den Römern zu führen sich verpflichteten..."

Noch während dieses Verhandlungsergebnis vertraglich fixiert wurde, berichtete Prokopios, seien die letzten tausend Kämpfer mit ihren Waffen abgezogen, durch die Armee des Narses hindurch, eine solche Entschlossenheit im Blick, dass niemand sie anzugreifen wagte.

Man hat nie wieder von ihnen gehört, so dass sie vermutlich wirklich Italien verlassen und sich vielleicht auf einer der Inseln angesiedelt haben, die Totila erobert hatte.

Das Ostgotenreich von Theoderich 493 n. Chr. bis Teja 552 n. Chr. auf dem Kern des Imperiums ist Geschichte.

Die Westgoten

Wie die Vandalen in Nordafrika im heutigen Tunesien, die Ostgoten im Kernland des weströmischen Reiches in Italien ihre germanischen Reiche errichteten und diese aus bekannten Gründen auch wieder untergingen, so schufen sich auch die Westgoten ihr Reich zunächst auf römisch-gallischem Boden in Südfrankreich, später, durch die Franken von dort vertrieben, in Spanien. Dieses Reich „hielt" länger, aber auch nicht so lange wie das dauerhafteste germanische, das der Franken.

Ehe die Westgoten allerdings nach Spanien gelangten und ihre Migration zum Erfolg führten, mussten sie auf schmerzhafte Weise fast ebenso viele, vielleicht sogar mehr Meilen per pedes hinter sich lassen wie die Vandalen auf ihrer Wanderung. Nach Vertreibung der Westgoten aus ihren Sitzen am Schwarzen Meer durch die Hunnen waren sie zunächst über die Donau nach Süden gegangen, auch hatten sie die Römer um „Einlass" gebeten. Wie sich der „Empfang" entwickelte, überliefert Isidor.

Isidor schreibt in "Geschichte der Goten, Vandalen und Sueven" (auszugsweise zitiert gemäß Übersetzung von D. Coste, herausgegeben von Alexander Heine):

Kapitel 9: „Im 14. Jahre der Herrschaft des Valens wurden die Goten, welche einstmals die Christen aus ihrem Land getrieben hatten, selbst wiederum unter ihrem König Athanarich von den Hunnen vertrieben.

Sie überschritten die Donau und unterwarfen sich, weil sie sich dem Kaiser Valens nicht gewachsen fühlten, jedoch ohne ihre Waffen auszuliefern. Der Kaiser wies ihnen Thrakien als Wohnsitz an.

Da sie aber merkten, dass sie von den Römern ihrer alten Freiheit beraubt wurden, sahen sie sich zum Aufstand gezwungen. Sie verwüsteten Thrakien mit Feuer und Schwert, schlugen das römische Heer und verbrannten den Valens selbst in einer Hütte, in die er sich, durch einen Speer verwundet, geflüchtet hatte. So wurde der Mann von ihnen lebendig mit irdischem Feuer verbrannt, der so schöne Seelen dem ewigen Feuer preisgegeben hatte.

Einen weiteren Bericht erhalten wie von Jordanis in seiner „Gotengeschichte".

Jordanis in "Gotengeschichte" (auszugsweise zitiert; übersetzt von Dr. Wilhelm Mertens, herausgegeben von Alexander Heine):

Kapitel 25: „Die Wesegoten das heißt jene andern Genossen derselben und Bewohner des westlichen Landes, aufgeschreckt durch die Furcht ihrer Stammesverwandten, waren unschlüssig, was sie wegen der Hunnen tun sollten.

Nach reiflicher Erwägung schickten sie endlich nach gemeinsamem Beschluss Gesandte nach dem Römischen Reich zu Kaiser Valeus, dem Bruder Valentinian des Alten, mit der Bitte, er solle ihnen einen Teil Thraziens oder Moesiens zum Anbau anweisen; dafür würden sie nach seinen Gesetzen leben und sich jener Herrschaft unterwerfen. Und um mehr Zutrauen zu finden, versprachen sie Christen zu werden, wenn man ihnen nur Lehrer, die ihre Sprache verstünden, geben wolle.

Als Valens dies erfuhr, stimmte er gleich freudig zu, da er selbst hierum hatte nachsuchen wollen. Er nahm die Goten in Moesien auf und errichtete dort in ihnen sozusagen eine Mauer seines Reiches gegen die übrigen Völker...

Sie selbst gingen, wie gesagt, über die Donau und ließen sich in Uferdazien, Moesien und den thrazischen Provinzen mit der Kaisers Erlaubnis nieder."

Kapitel 26: "Da geschah es, wie gewöhnlich bei noch nicht recht seßhaften Völkern, dass Hungersnot unter ihnen ausbrach.Daher ersuchten ihre Fürsten und Herzöge, die über sie statt der Könige herrschten, nämlich Fritigern, Alatheus und Safrak, aus Mitleid mit ihrem bedrängten Heere die römischen Heerführer Lupicinus und Maximus um Eröffnung eines Marktes.

Aber wozu treibt nicht der „verruchte Hunger nach Gold"? Aus Habsucht verkauften diese Heerführer nicht nur Fleisch von Schafen und Rindern, sondern bald auch von verendeten Hunden und unreinen Tieren zu hohen Preisen, so dass sie einen Sklaven gegen einen einzigen Laib Brot, oder 10 Pfund gegen ein Stück Fleisch eintauschten.

Als aber den Goten die Sklaven und Gerätschaften ausgingen, forderte der habgierige Kaufmann bei der drückenden Not die Söhne als Zahlung.

Indem die Eltern diese hergaben, sorgten sie nur für das Wohl ihrer Kleinen. Denn sie hielten es für besser, dass sie ihre Freiheit, als dass sie ihr Leben verlören, wenn nämlich einer lieber aus Barmherzigkeit verkauft wird, wo er doch Nahrung erwarten kann, als für den Hungertod aufbewahrt.

In jener Zeit der Drangsal begab es sich, dass Lupicinus, der Anführer der Römer, den Gotenhäuptling Fritigern zu einem Gastmahl einlud und ihm, wie der Ausgang zeigte, nach dem Leben trachtete.

Fritigern, der keine Arglist befürchtete, kam von wenigen begleitet zum Mahle. Während er aber im Feldherrnzelt speiste, hörte er das Geschrei der Seinigen, die elend ermordet wurden.In einem andern Teil des Hauses nämlich suchten Soldaten des Feldherrn auf dessen Befehl die Gefährten Fritigerns, welche man eingeschlossen hatte, zu töten und das laute Aufschreien der Sterbenden drang bis zu den schon argwöhnischen Ohren. Sogleich erkannte Fritigern den offenbaren Trug. Er zog sein Schwert aus der Scheide und entkam mit großer

Verwegenheit und Schnelligkeit von dem Gastmahl, entriss die Seinigen dem drohenden Tod und trieb sie zur Ermordung der Römer.

So hatten die kriegstüchtigen Männer die erwünschte Gelegenheit gefunden, eher im Krieg als durch Hunger umzukommen, und sogleich waffneten sie sich, um Lupicinus und Maximus zu töten. Jener Tag nahm den Goten den Hunger und den Römern die Sicherheit.

Nunmehr begannen die Goten nicht mehr als Fremdlinge und Ausländer, sondern als Bürger und Herren über die Besitzer des Landes zu herrschen und den ganzen Norden des Landes bis an die Donau in ihrem Besitz zu halten.

Als Kaiser Valeus dies in Antiochia erfuhr, machte er rasch sein Heer kriegsfertig und zog nach Thrazien zu Felde. Hier kam es zu einer jammervollen Schlacht; darin siegten die Goten; der Kaiser floh verwundet nach einem Bauerngut bei Adrianopel. Hier wurde er, als die Goten, ohne zu wissen, dass der Kaiser in einer so geringen Hütte sich verbarg, wie es gewöhnlich der Feind in seiner Wut tut, Feuer dran legten, mit seinem königlichen Pomp verbrannt."

Als weiterer Gewährsmann überliefert Ammian Marcellin über die ersten Schritte der Westgoten in Trakien folgendes. **Ammianus Marcellinus** in "Römische Geschichte" (auszugsweise zitiert gemäß Kommentierung W. Seyfarth; Herausgabe Zentralinstitut für alte Geschichte und Archäologie der Akademie der Wissenschaften der DDR):

31. Buch, Kapitel 4: „Unter Alavius Führung besetzten sie daher die Donauufer, schickten Unterhändler zu Valens und ersuchten mit demütiger Bitte um Aufnahme. Sie versprachen ein friedfertiges Leben zu führen und Hilfstruppen zu stellen, wenn es die Umstände erforderten.

In dieser Erwartung wurden mehrere Beamte ausgesandt, die die wilde Menge mit ihren Fahrzeugen herüber bringen sollten. Dabei verwandte man große Sorgfalt darauf, dass kein zukünftiger Zerstörer des römischen Reichs zurückblieb, selbst wenn er von einer tödlichen Krankheit befallen war. So erhielten die Goten mit Genehmigung des Kaisers die Möglichkeit, die Donau zu überschreiten und Teile von Thrakien zu besiedeln und setzten Tag und Nacht scharenweise auf Schiffen, Flößen und ausgehöhlten Baumstämmen über.

So wurde mit stürmischen Bemühen das Verderben der römischen Welt herbeigeführt. Es ist jedenfalls keineswegs dunkel oder ungewiss, dass die unheilbringenden Beamten, die die Überfahrt der Barbarenmenge leiteten, zwar oft versuchten, deren Anzahl rechnerisch zu erfassen, doch es schließlich als vergeblich aufgaben.

Als erste fanden Alaviv und Fritigern Aufnahme. Ihnen sollten durch kaiserliche Entscheidung für den Augenblick Lebensmittel und Äcker zur Bearbeitung zugewiesen werden. In dieser Zeit waren die Riegel unserer Grenzverteilung geöffnet. Während das Barbarenland Schwärme von Kriegern wie Asche vom Ätna überall hinausstieß, hätten wir in unserer schwierigen Lage Heerführer gebraucht, die durch berühmte Taten einen Ruf gewonnen hatten.

Doch es war, als ob eine unheilvolle Gottheit sie auswählte, und so wurden Schufte zusammengesucht und waren Leiter des Heerwesens, unter ihnen vor allem Lupicinus und Maximus, der eine Comes in Thrakien, der andere ein Verderben bringender Heerführer, beide von gleicher Unbesonnenheit. Ihre lauernde Habgier war die Quelle aller Übel.

Als die über den Strom gekommenen Barbaren von Mangel an Lebensmitteln heimgesucht wurden, erdachten jene allgemein verhassten Heerführer ein niederträchtiges Geschäft.

Sie brachten so viele Hunde auf, wie es ihre Unersättlichkeit vermochte, und gaben je einen für einen Sklaven, und unter diesen wurden sogar Verwandte von Häuptlingen fortgeführt.

Darum rückte er (Fritigern) nur zögernd vor und gelangte in langsamen Märschen mit der Zeit nach Marcianopolis.

Hier trat noch ein anderes schreckliches Ereignis ein, das die zum Untergang des Staates glimmenden Fackeln der Rachegeister zu hellem Brand entfachte. Lupicinus lud Alaviv und Fritigern zu einem Gelage ein, hielt aber die Masse der Barbaren durch die Aufstellung militärischer Posten weit von den Mauern der Stadt fern.

Als die Menge nun mit angelegentlichen Bitten Einlass forderte, um sich Lebensmittel zu besorgen, da sie ja unter unserer Herrschaft stünde und mit uns einig sei, kam es zwischen den Einwohnern und den Abgewiesenen zu größeren Streitigkeiten und schließlich zu einem Handgemenge.

Da sie merkten, dass man einige ihrer Verwandten in feindseliger Absicht fortschleppte, gerieten die Barbaren in heftigen Zorn, erschlugen eine Anzahl Soldaten und zogen ihnen die Rüstungen aus. Über diese Vorfälle wurde Lupicinus durch einen geheimen Boten unterrichtet; während er an schwelgerischer Tafel unter musikalischen Darbietungen lange Zeit hingestreckt lag und durch Weingenuss und im Halbschlaf wie betäubt war.

Doch mutmaßte er, wie die Sache ausgehen würde, und ließ alle Begleiter erschlagen, die zu Ehren und zum Schutz der beiden Häuptlinge vor dem Praetorium Wache hielten.

Die Nachricht hiervon wurde von dem Volk, das vor den Mauern lagerte, mit Unwillen aufgenommen; es rottete sich allmählich zusammen, um die vermeintlich gewaltsam zurückgehaltenen Könige zu rächen, und stieß viele furchtbare Drohungen aus.

Fritigern, raschen Entschlusses wie er war, befürchtete, man würde ihn zusammen mit den übrigen Geiseln zurückhalten und rief, es werde zu einem verlustreichen Kampf kommen, wenn man ihn nicht mit seinen Gefährten hinausgehen ließe, damit er die Menge beschwichtigen könne.

Denn sie habe sich zu einem Tumult hinreißen lassen, weil sie angenommen habe, ihre Heerführer seien umgebracht worden, nachdem man sie zum Schein freundlich eingeladen hatte. Seine Forderung fand Zustimmung, sie gingen alle hinaus und wurden mit freudigem Befall empfangen. Dann bestiegen sie die Pferde und jagten davon.

In dieser furchtbaren Lage und angesichts von Vorboten schlimmster Gefahren erhoben sie nach ihrer Gewohnheit die Feldzeichen, das furchtbare Getöse ihrer Kriegstrompeten ließ sich vernehmen, und Plünderscharen rotteten sich zusammen. Sie raubten Gutshöfe aus, setzten sie in Brand und richteten Verwüstungen an, soweit sie ein Ziel finden könnten.

Gegen diese Banden bot Lupicinus in aller Hast und Eile Militär auf und rückte eher unbesonnen als planmäßig vor, machte aber neun Meilen vor der Stadt halt, bereit, eine Schlacht zu wagen.

Bei diesem Anblick stürzten sich die Barbaren ohne jede Vorsicht auf die Haufen der Unsrigen, stießen die Schilde gegen die Körper der Gegner und durchbohrten sie mit Speer und Schwert. Bei dem blutigen Kampfgetümmel kamen die Tribunen und der größte Teil der Soldaten unter Verlust der Feldzeichen ums Leben mit Ausnahme des unseligen Heerführers.

Während die anderen im Handgemenge kämpften, war er selbst nur auf die eigene Rettung bedacht und eilte in gestrecktem Galopp zur Stadt. Danach rüsteten sich unsere Feinde mit römischen Waffen und zogen überall umher, ohne auf Widerstand zu stoßen ...

Unvermutet wurde ihnen nun ein Brief des Kaisers mit dem Befehl überbracht, in die Provinz Hellespontus überzusiedeln. Daraufhin forderten sie gelassen Wegegeld, Verpflegung und einen Aufschub von zwei Tagen!

Das nahm der Bürgermeister der Stadt übel, denn er zürnte ihnen, weil sie sein Eigentum in der Vorstadt verheert hatten. Er rief den niedrigsten Pöbel und die Arbeiter der Waffenfabrik, von denen es dort sehr viele gibt, auf und bewaffnete sie, um jene zu verderben.

Daraufhin erhoben sie sich zum offenen Aufruhr, erschlugen die meisten, die freche Aufwallung irregeleitet hatte, jagten die übrigen davon und verwundeten sie mit Geschossen aller Art.

Den Toten zogen sie die Rüstungen aus und legten sie nach römischer Weise an. Als sie Fritigern in der Nähe erblickten, vereinigten sie sich mit ihm als willfährige Bundesgenossen, schlossen die Stadt ein und bedrängten sie so, dass sie (Adrianopel) unter der Belagerung sehr zu leiden hatte.
So marschierten sie mit Bedacht los und breiteten sich über das ganze Gebiet Thrakiens aus.

Alles verheerten die Barbaren, ohne Rücksicht auf Alter und Geschlecht zu nehmen, mit Totschlag und gewaltigen Bräuchen; Säuglinge wurden den Müttern von der Brust gerissen und getötet, die Mutter selbst geraubt und Frauen zu Witwen gemacht, vor ihren Augen die Männer erschlagen. Waffenfähige und gerade herangewachsene Knaben wurden über die Leichen der Eltern hinweg fortgeschleppt...

Diese Nachrichten aus Thrakien wurden mit großem Kummer aufgenommen und stürzten den Kaiser Valens in mannigfache Sorgen.

.. und schickte zwei Heerführer, Profuturus und Trajan.

Verfielen sie zur Unzeit auf den gefährlichen Plan, den Barbaren, die sich noch immer wie wahnsinnig gebärdeten, die aus Armenien abgezogenen Legionen entgegenzuwerfen...
Trotzdem jagten sie die Feinde über die schroffen Felsen des Haemus-Gebirges zurück und drängten sie in die steilen Schluchten. Hier sollten die Barbaren in der Einöde nirgends einen Ausweg finden und lang anhaltenden Hunger zum Opfer fallen, während sie selbst die Ankunft des Heerführers Frigerid abwarten wollten, der mit pannonischen und transalpinen Hilfstruppen im Anmarsch war. Ihn hatte Gratian auf Valens Bitte hin in Marsch gesetzt, und der sollte den Menschen Unterstützung leisten, die aufs äußerste bedrängt wurden.
Nach ihm brach auch der damalige Befehlshaber der Gardetruppen Richomeres auf Befehl Gratians aus Gallien auf und eilte mit einigen Kohorten nach Thrakien.
..... übernahm Richomeres nach einstimmigem Beschluss den Oberbefehl über die gesamten Truppen und vereinigte sich mit Profuturus und Trajan, die nahe bei der Stadt Salice ihr Lager hatten.

... So kam es also unter großen Verlusten zu einer heißen Schlacht ... Das ganze Schlachtfeld war mit den Leichen der Gefallenen bedeckt...

Immerhin haben die Römer, wie feststeht, obwohl sie an Zahl weit unterlegen waren, mit einer riesigen Menge gekämpft und selbst schwere Verluste hinnehmen müssen ...

Nach der so jammervollen Beendigung der Schlacht suchten die Unsrigen nächste Zuflucht im Marcianopolis.

... Aus diesem Grunde bot sich unseren Truppen die günstige Gelegenheit, andere riesige Barbarenscharen in den Engpässen des Haemus-Gebirges einzuschließen, indem sie hohe Dämme aufwarfen.

... Als nun die Sperren geöffnet und unsere Truppen zur rechten Zeit abgezogen waren, stürzten die Eingeschlossenen ohne Ordnung, wie jeder gerade konnte, ohne auf ein Hindernis zu stoßen, hervor, um überall Verwirrung anzurichten. Alle verbreiteten sich plündernd und ungestraft über die weiten Ebenen Thrakiens von den Gebieten, die die Donau durchströmt, bis zum Rhodope-Gebirge und zur Meerenge, die die unermesslichen Meere trennt. Mit Raub und Mord, mit Blutvergießen und Brand und nur der Schändung freier Personen verübten sie überall furchtbare Greueltaten.

Da die Spähtrupps, vielleicht aufgrund eines Irrtums, versicherten, dieser ganze Teil ihrer Streitmacht, den sie zu Gesicht bekommen hatten, betrage an Zahl zehntausend Mann, ließ sich der Kaiser von unüberlegtem Übereifer hinreißen und beeilte sich, ihnen entgegenzumarschieren. Von nun an rückte er in geschlossener Ordnung vor und kam bis zum Vorgelände von Adrianopel. Hier ließ er einen Wall anlegen und mit Pfählen und Graben befestigen und erwartet ungeduldig Gratian.

Er empfing den comes der Palasttruppen Richomeres, den Gratian mit einem Brief des Inhalts vorausgeschickt hatte, dass er bald selbst eintreffen werde.
Der Brief enthielt die Bitte, man möge auf Gratian noch kurze Zeit warten, damit er in der gefährlichen Lage zugegen sein könne, und Valens solle sich nicht unvorsichtigerweise allein in den Abgrund einer Entscheidungsschlacht stürzen.

Noch während er (Richomeres) auf die feindliche Befestigungslinie zueilte, rückten Bogenschützen und die Scutarier, die damals Bacurius aus Hiberien und Cassio befehligten, zu kampfbegierig und in hitzigem Ungestüm vor und wurden bereits mit dem Gegner handgemein.

Wie der Blitz brach sie (Reiterei der Goten) in der Nähe der hohen Berge hervor und brachte durch ein schnell angerichtetes Blutbad alle in Verwirrung, die sie in rasender Attacke im Handgemenge erreichen konnte.

Wie Schiffe mit Rammspornen stießen die Schlachtreihen aufeinander, drängten sich vor und zurück und wurden wie Meereswogen durch die gegenseitigen Bewegungen hin-und hergeworfen...

Als nun die Barbaren in unermesslichen Scharen hervorstürzten und Pferde und Männer niederritten, ließ sich nirgends Raum für einen Rückzug in geschlossenen Reihen gewinnen, und das dichte Gedränge nahm jede Möglichkeit des Entrinnens.

Da griffen auch unsere Soldaten in höchster Todesverachtung wieder zum Schwert und hieben die Anstürmenden nieder, von der anderen Seite hagelte es Hiebe mit der Streitaxt, und Helme und Panzer wurden zerschmettert.

Schließlich wurden unsere Linien durch den Druck der Barbaren zum Weichen gebracht. In völliger Unordnung wandten sie sich, wie jeder gerade konnte, zur Flucht als dem einzigen Ausweg, den sie in der höchsten Not hatten...

Als die Dämmerung hereinbrach, fiel mitten unter den einfachen Soldaten der Kaiser, tödlich verwundet durch ein Pfeilschuss, wie man vermutet, denn niemand konnte behaupten, es gesehen zu haben oder dabei gewesen zu sein! Bald gab er seinen Geist auf und starb, wurde aber später nirgends gefunden.

... Nach Aussage anderer gab Valeus seinen Geist nicht sogleich auf, sondern wurde zusammen mit Leibwächtern und einigen Eunuchen in ein Landhaus in der Nähe gebracht, das mit einem zweiten Stockwerk fachmännisch befestigt war.

Während ihn hier ungeschulte Hände behandelten, wurde er von Feinden belagert, ohne dass sie wussten, wer er war, und entging der Schande der Gefangenschaft. Denn als seine Verfolger versuchten, die verriegelten Türen aufzubrechen, und von einer Galerie aus mit Pfeilen beschossen wurden, trugen sie Bündel von Stroh und Reisig zusammen, legten Feuer an und verbrannten das Haus zusammen mit den Menschen ... Sicher ist, dass kaum ein Drittel des Heeres entkam.

Nach vielem Gerede und Streit beschlossen sie (Goten), Perinth und danach die benachbarten Städte, die voller Reichtümer waren, zu besetzen. Von hier aus wollten sie auf dem schnellsten Wege nach Konstantinopel ziehen, da es sie nach den hier angehäuften reichen Schätzen gelüstete.

Eine Abteilung Sarazenen, eine solche Abteilung, wie sie eher zu Husarenstückchen als zu Schlachten in Reih und Glied geeignet ist und die erst neuerdings dorthin gebracht worden war, rückte bei dem unerwarteten Anblick eines Barbarenhaufens mutig aus der Stadt und begann einen hartnäckigen Kampf, der sich lange hinzog.

... Einer aus ihrer Mitte (Sarazenen), mit langen Haaren und nackt bis zum Gürtel, stieß einen mißtönenden und unheilverkündenden Schrei aus, zog seinen Dolch und sprengte mitten in die Schar der Goten. Hier tötete er einen Feind, drückte die Lippen auf dessen Kehle und sog das ausströmende Blut ein. Dieser furchtbare und merkwürdige Zwischenfall versetzte die Barbaren in Schrecken.

Da zerstörten sie die Kriegsanlagen, die sie vorbereitet hatten und zogen von dort ab! Sie hatten selbst größere Verluste erlitten als uns beigebracht und ergossen sich nun über die nördlichen Provinzen.
Ungebunden durchstreiften sie diese bis zum Fuß der Julischen Alpen, die die Alten die Venetischen nannten."

Soweit die ausführliche, objektive, sachlich richtige Darstellung der ersten Geschehnisse anläßlich des Auftauchens der Westgoten südlich der Donau im Anschluss an ihre Flucht vor den anstürmenden Hunnen.

Immerhin, die Goten kamen freiwillig in dieses römische Gebiet, nicht auf Druck der Römer, sie hätten sich den Hunnen stellen können oder aber auch nach Norden oder Westen ausweichen können. Sie vertrauten auf Rom, trauten den Römern, kamen guten Glaubens und erhofften sich Land zur Besiedlung. Sie waren bereit nach römischen Gesetzen zu leben, im Gegenzug auch Waffendienst zu leisten.

Doch wurden sie durch die Habgier der römischen Führer in den ersten Jahren aller enttäuscht, jene nutzten ihre Hungersnot rücksichtslos aus, forderten Gold, Menschen für wenig und schlechte Nahrung – wie wir oben zur Kenntnis erhalten haben.

Diese „ersten"Goten nach dem Hunnensturm haben mehrere Scharmützel, Schlachten mit den Römern, in und bei Marcianopel, in Niedermösien sowie in und um Adrianopel im Thrakischen.

So gelangen sie nach dem großen Sieg über Valens am 9. August 378 n. Chr. bei Adrianopel über Perinth sogar bis vor die Tore der Stadt Konstantinopel.

Konstantinopel bleibt für sie uneinnehmbar, sie ziehen nach Nordwesten durch die südlichen Donauprovinzen entlang der Diagonale Kontantinopel - Viminacium bis in die Julischen Alpen.

Bekanntlich waren die Goten bereits im 3. Jahrhundert n. Chr. über die Donau nach Süden gekommen und hatten sich Gefechte mit dem Römern geliefert.

Das scheinen eher Beute- als Migrationszüge gewesen zu sein.

249/250 n. Chr. Gotenkönig Cniva unterliegt römischen Kräften unter
Trebonius Gallus bei Novae. Cniva schlägt Decius'
Heer bei Beroea. Philopopolis wird eingenommen.

251 n. Chr. Römer unterliegen den Goten bei Abrittus, diese ziehen mit
Beute ab.

253 n. Chr. Sieg über Goten unter Marcius Hemilianus, Stadthalter
Niedermoesiens. Valerianus führt schwerste Kämpfe gegen
Goten.

257 n. Chr. Stabilisierung der Lage an der Donau.

259/260 n. Chr. Unter Gallienus schwerste Abwehrkämpfe an der mittleren
Donau

268 n. Chr. Gallienus siegt über die Goten am Fluß Nestos in
Makedonien.

268/270 n. Chr. Claudius Gothicus siegt bei Naissus

270/275 n. Chr. Unter Aurelian wird Dakien den Goten überlassen, die damit
einen weiteren Siedlungsplatz innehatten – nach dem am
„Schwarzen Meer".

275/276 n. Chr. Tacitus bekämpft Goten in Kilikien

276 n. Chr. Florianus im Kampf mit den Goten in Kleinasien.

280 n. Chr. Probus sichert Donaulinie nach harten Auseinandersetzungen.

Zu ihren „Beutezügen" in römischen Provinzen sollen die Goten auf 2000
Schiffen gekommen sein, die Zahl ihrer Krieger wird mit 320.000 angegeben.
Rom hatte sich entschlossen, den Goten Dakien zu überlassen, in weiser
Voraussicht, dadurch mindestens einen vorübergehenden Stopp weiterer
„Beutezüge" zu erreichen und somit südlich der Donau vorerst verschont zu
bleiben. Einen weiteren Schachzug fädelte geschickt Kaiser Probus ein,
Germanen wurden ab sofort in begrenzter Anzahl ins „Reich" aufgenommen;
als Siedler, allerdings hatte die Sache zur Bedingung, dass die Germanen den
Römern künftig als Soldaten dienen sollten, gleichsam als menschliches
Bollwerk an der Donau gegen künftig herbeiströmenden germanischen Völker-
schaften.
Nach dem Desaster bei Adrianopel, wo die Römer durch Unbesonnenheit, ja
Überheblichkeit des unseligen Kaisers Valens 40.000 Legionäre gegen

geschickt taktierende und todesmutig kämpfende Goten verloren, kam es ab 379 n. Chr. unter dem Kaiser Theodosius zu ruhigeren Zeiten für beide Seiten, die sich bisher wahrlich nichts geschenkt, aber auch nicht viel erreicht hatten. Die stets gültige Maxime, Friede ernährt, Unfriede verzehrt, war mal wieder in Kraft, bewies sich.

Theodosius war es gelungen, mit den Goten Frieden zu schließen.

Nachdem 382 n. Chr. ein Vertrag geschlossen worden war, schien der Bann gebrochen:

- Die Goten erhielten eine Landzuweisung zwischen Donau und Haemus
- Die Goten wurden Bundesgenossen
- Als Startunterstützung gewährten die Römer Geld und Getreide

Die Gegenleistung der Germanen bestand im Dienst in den Legionen. Waren es zunächst nur Römer, waren es zuletzt kaum noch Römer, die als Legionäre Verwendung fanden.

Welch ein Unterschied hatte sich entwickelt zwischen Augustus und später Augustulus. Wie gut, dass der gute Augustus das nicht zur Kenntnis nehmen musste, brachte ihn doch schon der Verlust der 17., 18. und 19. Legion an den Rand der Verzweiflung.

Kämpften die Goten unter Theodosius für ihn gegen seinen Nebenbuhler, so waren sie nach seinem Tod von der neuen Herrschaft plötzlich nicht mehr gefragt, geschlossene Verträge wurden nicht eingehalten, und ... die Goten wehrten sich.

Vor den Westgoten lag noch ein langer, langer Weg, den es bis zum letzten Ziel in Spanien zu Fuß, per Wagen, auf dem Rosse zu bewältigen galt.

Vielleicht noch weiter, wenn es gelungen wäre, nach Afrika überzusetzen, doch so weit kam es dann nicht.

Doch das alles wussten jene Goten gegen Ende des 4. Jahrhunderts noch nicht, die späteren waren noch nicht einmal geboren.

Aus der Rückschau ergab sich eine zurückgelegte Strecke vom südlichen Donaubereich in Niedermoesien bis nach Mittelspanien, dem Endpunkt der erneuten langen Migration, in zeitlicher sowie entfernungsmäßiger Hinsicht.

Immer neue Generationen nahmen daran teil, vor Jahrhunderten waren sie aufgebrochen, was wusste man davon?

Aus der jüngsten Vergangenheit waren überliefert die relativ ruhige Zeit am Nordrand des Schwarzen Meeres, der Hunnensturm und die meist siegreichen Auseinandersetzungen mit den Römern auf niedermösichem und thrakischen

Gebiet. Die Erinnerung basierte auf Heldengesängen, Erzählungen und selbst Erlebtem.

So wuchs wiederum eine neue kampfstarke Generation heran, die das Volk weiterführen sollte, Alarich war an der Spitze, er war der neue kraftvolle und hoffnungsvolle Führer der Westgoten gegen Ende des 4. und zu Anfang des 5. Jahrhunderts.

Wo entlang nun führte der Weg der Westgoten?

376 n. Chr.	Marcianopolis
378 n. Chr.	Adrianopel (Abstecher 377 nach Naissus, 378 nach Konstantinopel)
382 n. Chr.	Friedensschluss auf Strommitte Donau
395 n. Chr.	Thessalonich, Thermopylen Athen Korinth Sparta
397 n. Chr.	Ostküste Adria bis Aquileia
402 n. Chr.	Pollentia
403 n. Chr.	Pavia
408 n. Chr.	Rom
410 n. Chr.	Cosentia
410 n. Chr.	Rhegium
410 n. Chr.	Rom
412 n. Chr.	Genua
413 n. Chr.	Massilia, Rhone Teile nach Burdigala über Tolosa ins südwestliche Gallien
414 n. Chr.	Narbonne, Barcelona Teile setzen den Marsch nach Süden entlang der ostspanischen Küste fort
417 n. Chr.	Andalusien
429 n. Chr.	Tarifa

Zum Zeitpunkt des Jahres 419 n. Chr. bildete sich nördlich der Pyrenäen in Südgallien das tolosanische Reich mit der Hauptstadt Tolosa, es hatte Bestand, bis es 507 n. Chr. durch die sich nach Süden ausbreitenden Franken aufgegeben werden musste. Auch um 419 n. Chr. begannen die Westgoten sich im nördlichen und später im mittleren Spanien zu etablieren, daraus wurde das toledanische Reich, das unter gotischer Regie bis 711 n. Chr. Bestand hatte. Hauptstadt war Toledo.

Damit hatte die Migration der Westgoten ihren Höhepunkt erreicht, nun musste man sich einrichten und mit der vorgefundenen Bevölkerung und mit den weiteren germanischen Stämmen, die hier ebenfalls „gelandet"waren, arrangieren. Es galt, miteinander, füreinander zu überleben. Die lange Lebensdauer dieses Staates Westgotien auf römischen Boden zeigt, dass die Westgoten nicht ungeschickt oder gar falsch taktieren.
Zumindestens existierten sie länger als Vandalen und Ostgoten, voraus jedoch waren die Franken, denen günstigere Vorbedingungen vorlagen, die aber auch richtig handelten.

Wie war nun die Lage im west- und oströmischen Reich zum Zeitpunkt des Auftretens Alarichs, durch wen und welche Umstände wurde sie geprägt?

395 n. Chr. war der letzte zugleich auch große Kaiser des gesamtrömischen Reiches, Theodosius I. verstorben. Seitdem erfolgte die Reichsteilung in ein weströmisches und ein oströmisches Reich. Erst Justinianus I. versuchte als oströmischer Kaiser während seiner Regentschaft in den Jahren 527-565 n. Chr. die Wiederherstellung der Reichseinheit, die ihm nach siegreichen Kämpfen durch seine exzellenten Feldherren Narses und Belisar über Vandalen und Goten auch in großen Teilen gelang.

Doch zunächst griff die Reichsteilung, die Söhne von Theodosius dem I. übernahmen ab 395 n. Chr. die Herrschaft nominell, Honorius für den Westteil und Arkadius für den Ostteil.
Da sie jung waren, übernahmen vorerst eingesetzte Regenten die praktische Führung. Im Westreich war durch Theodosius dem I. der amtierende Heermeister, der Vandale Stilicho, eingesetzt worden; der hatte auch die Verantwortung über die gesamten Truppen.
Stilicho war zu dieser Zeit mit seinen „Westtruppen" vom Balkan nach Italien gezogen, die Truppen des oströmischen Reiches wurden in Kleinasien gegen die Hunnen eingesetzt, so dass der Balkan praktisch entblößt war, Alarich, der Westgotenführer, hatte momentan vor Ort keine römischen Truppen, die ihn aufhielten oder sonstwie zu schaffen machten, zu befürchten.

Er konnte marschieren und seinen Kräften Beute im mittleren und südlichen Griechenland in Aussicht stellen; Thrakien, Makedonien und Thessalien waren „leergeplündert". 391 n. Chr. trat Alarich an.
Thermopylenpass und Athen fielen kampflos in die Hände der Goten, Isthmosfestungen wurden überrannt, Korinth und Sparta unterworfen. Theben und Tegea leisteten Widerstand und wurden nicht eingenommen.

Ob Alarich in Griechenland einen dritten Migrationsplatz vorsah, stand dahin, möglich wäre es immerhin gewesen. Ostrom wäre das sicherlich entgegengekommen.
397 n. Chr. führte nun Stilicho Truppen auf See nach Griechenland und es gelang ihm, die durch eine Seuche ohnehin geschwächten Goten in und um Arkadien einzuschließen, dabei unterließ er einen Angriff, Stilicho unterbrach die so wichtige Wasserzufuhr.

Stilicho hatte die Westgoten auf diese Weise ohne Blutvergießen „besiegt", es lag ihm dran, als loyaler germanischer Führer Westrom gegenüber einen Vertrag zu schließen und neue Bündnispartner zu erhalten, was zur Aufrechterhaltung der Stärke erforderlich war. Der Vertrag kam zustande.

Eutrop, Stilichos Gegenpart in Ostrom, machte sofort Front gegen Stilicho ob seiner Verhandlung mit Aufständischen. Stilicho wurde zum Feind des Vaterlandes erklärt, seine oströmischen Besitztümer konfisziert.

Auch Alarich zog Ostrom auf seine Seite, nachdem Stilicho nach Italien zurückgekehrt war; es kam zum Bündnis, Alarich wurde kommandierender General für Illyricum.

Wie Ostrom den Westgoten Alarich und seine Mannen als Puffer gegen Westrom zu verwenden gedachte, so war es auch umgekehrt angedacht.
Stilicho sah die Westgoten in Epirus wohl platziert, um sich gegen potentiell angreifende Truppen Ostroms wehren zu können, eben mittels der Westgoten, und um dadurch ein etwaiges Vordringen Ostroms gegen das Kernland Italien verhindern zu können.

In Epirus stationiert, wäre es möglich, aus Ostrom entlang der Via Egnatia anmarschierenden Kräften zu begegnen, wo immer das denn sein würde, in Epidamnus, Heraclea, Pella, Philippi, Traionopolis oder gar in Perinthus. Die Straße hatte ja seit 330 n. Chr. ihre besondere Bedeutung als Kurierstraße Rom - Byzanz sowie als Schiene für Truppenverschiebungen und Aufmarsch-basis erlangt.

Während der Zeit in Illyricum nutzte Alarich die Gelegenheit, sich aus den römischen Waffenarsenalen ausgiebig zu bedienen und seine Truppen waffen- und ausrüstungsmäßig frontreif zu machen. Was lag näher, als sich schon mal gedanklich mit einem Einmarsch in Italien zu befassen? Nicht nur ausgiebige Beute, gegebenenfalls Siedlungsland standen in Aussicht, fest verankert in Alarichs Hinterkopf; eine passende Gelegenheit musste eben abgewartet werden. Und bald war es soweit.

Die Zeit für ein direktes Eindringen Alarichs und seiner Westgoten wurde reif, als Ostgoten in Noricum und Raetien eindrangen, worauf sich Stilicho gezwungen sah, schleunigst Truppen aus Italien abzuziehen, um dem Einfall zu begegnen.

Im Spätherbst 401 n. Chr. marschierte Alarich bis vor Aquileia, anschließend bis nach Mailand, wo derzeit der weströmische Kaiser Honorius residierte.

Stilicho bot dagegen auf, was greifbar war, Truppen aus Gallien, Vandalen und Alanen. Im Winter trat er an, Alarich wurde nach Westen abgedrängt. Bei Hasta verloren die Westgoten, bei Pollentia gewann keine von beiden Parteien. Stilicho hatte als Trumpf Frauen und Kinder der Westgoten in seine Gewalt gebracht, so konnte er gegen Alarich einen Rückzug auf den Balkan erpressen, den dieser in Kauf nehmen musste um die Freiheit der Seinen zu erreichen. Erneut siegte Stilicho bei Verona.

Alarich schloss einen Vertrag und verpflichtete sich Westrom gegenüber, als Puffer in Illyricum gegen Ostrom zu dienen.

Als Stilicho 405 n. Chr. von Epirus aus, wo sich dann seine Kräfte aus Italien und Alarichs Kräfte aus Illyricum vereinigt hätten, gegen Ostrom vorgehen wollte, wiederum entlang der Via Egnatia, brachen im Norden des Landes erneut Ostgoten unter Radagais in Italien ein; an die 200.000 sollen es gewesen sein.

Stilicho hatte sie bei Fiesole eingekesselt und durch Aushungern zur Aufgabe gezwungen, ihm halfen Goten, Hunnen, Freiwillige und Sklaven. Nach Radagais Gefangennahme kapitulierte eine Schar, zwei weitere wurden ebenfalls bezwungen. 12.000 Goten nahm Stilicho in sein Heer auf, eine willkommene Verstärkung.

Die neuerliche Lage durch die anstürmenden Ostgoten hatte gerade bereinigt werden können, als die nächste Katastrophenmeldung über Westrom hereinbrach. Die abgezogenen Kräfte der Rheinfront fehlten und zogen unmittelbar den nächsten Germanensturm nach sich. Allein durch Bundesgenossen, die Franken, war sie nicht zu halten gewesen.

Und so stürmten Vandalen, Alanen, Sueben und Goten über die Franken hinweg hinein nach Gallien. Am 31. Dezember 406 n.Chr. wurde der Rhein nach Westen überquert. Unterwegs wurde reiche Beute gemacht auf dem Durchmarsch bis an die Pyrenäen; Worms, Mainz, Straßburg, Trier und Reims wurden zerstört und geplündert.

Was war das Gebot der Stunde, was war zu tun?

Während Alarich mit seinem westgotischen Heer von Illyricum nach Epirus vorrückte, tat sich im Westbereich folgendes:
Britannia, von Gott und den Römern verlassen, von Schotten und Iren sowie Germanen in Gallien bedrängt, rief einen eigenen Kaiser aus, Constantin. Dieser ging nach Gallien, stellte sich an die Spitze des römischen Heeres und trat gegen die gerade von Osten über den Rhein eingedrungenen Germanen an und verjagte sie nach Westen. Constantin war nun Herrscher Galliens und wurde zur Gefahr für Westrom.
Westrom gab den Plan, sich mit Alarich zu vereinigen und gegen Ostrom zu marschieren, natürlich auf. Eigene Heeresteile und Goten wurden unter Sarus gegen Constantin aufgeboten, nach Anfangserfolgen wurde er nach Italien zurückgeworfen; Constantin wandte sich gegen Spanien.

Da aus genanntem Grund große Teile des weströmischen Heeres noch in Gallien stationiert waren, lag somit ein Einfall Alarichs nach Italien, von oben in den Stiefel, durchaus im Berich des Möglichen.
Aus Epirus, wo er vergeblich auf Stilicho und das weströmische Heer gewartet hatte, um gegen Ostrom zu marschieren, wandte sich Alarich nun gen Norden, d.h. Dyrrhachium, Lissus, Olicinium, Risinium, Epidaurum, Narona, Salonae, Scardona, Emona, Aquileia. Dort angelangt, forderte Alarich von der Regierung in Ravenna eine Entschädigung in Form von Geld in Höhe von 4000 Pfund Gold, ansonsten drohe der Einmarsch, Richtung und Ziel Rom.

Zwar war man in Rom höchst bestürzt, hatte aber trotzdem die Absicht, die geforderte Zahlung zu verweigern und die Westgoten mit Krieg zu überziehen. Stilicho eilte flugs nach Rom und redete mit Engelszungen, den Senat zu veranlassen, von der genannten Absicht Abstand zu nehmen, ihm war klar, dass eine zweite Front gegen Alarich neben der gallischen unweigerlich zum militärischen Desaster für die römischen Truppen wurde.
Mit Mühe konnte er den Senat in Rom überzeugen, man beugte sich ihm schließlich. Damit hatte sich Stilicho jedoch, was seine Person und Position anbelangte, ins künftige Aus manövriert, vom Senat hatte er nichts mehr zu erwarten.

Sein guter Vorsatz und Wille, in Italien Roms Qualitäten mit germanischen Wesen zum Wohl für Land und Völker zusammenzuschweißen, war misslungen.

Er sollte es letztendlich mit dem Leben bezahlen. Wie in Westrom wurde fortan auch in Ostrom der barbarenfeindliche Trend propagiert. Stilicho stand bis auf sein Heer allein auf weiter Flur.

Diese feindliche Haltung führte auf einer Parade in Plavia dazu, dass enge Vertraute Stilichos getötet wurden, Stilicho befand sich gerade in Bologna. Obwohl Stilicho immer weiter loyal zum Kaiser stand, erließ dieser einen Haftbefehl gegen Stilicho. Dieser hielt sich zu dieser Zeit in einer Kirche in Ravenna auf, im Asyl.

Unter einem Vorwand lockte man ihn heraus, und er ließ es geschehen, wehrte die Hilfe seiner Freunde ab, sodass er am 22. August 408 n. Chr. hingerichtet wurde.

Mit dem Mord an Stilicho hatte sich Honorius natürlich keinen Gefallen getan, und Rom schon gar nicht, im Gegenteil, war er doch auf Neid und Hass schnöder Berater hereingefallen und hatte sich quasi selbst, bildlich gesehen, seine rechte Hand abgeschlagen. Für Alarich war nun der Weg frei.

Wenn auch Stilicho mächtig war, eigene Gedanken hatte und kühne Visionen favorisierte, so war er doch letztendlich loyal. Er war ein Stratege à la carte, erkannte drohende Gefahren für das weströmische Reich und es gelang ihm, die jeweils gefährdetste Front zu beruhigen, die Gefahr einer zweiten Front zu bannen. Auch als Taktiker erwies er sich geschickt, nie schickte er „seine" Legionäre in einen sicheren Tod, was jene honorierten, den Honorius jedoch immens wurmte. Stilicho kreiste, wann immer möglich, den Gegner ein, hungerte ihn aus und obsiegte. Taktisch besonders klug war sein Verhalten gegenüber den Westgoten, in denen er immer auch einen potentiellen Partner gegen Ostrom sah.

Nur einmal vor Honorius und einmal nach Honorius „gelang" es „Schlichtkaisern", Westrom/Rom erneut und noch tiefer in die Knie zu zwingen, und das ohne Not.

378 n. Chr. war es Valens, der vor einem Gefecht gegen Goten, anstatt auf bereits anmarschierende Hilfe zu warten, sich überschätzte, den Gegner unterschätzte, unbesonnen losschlug und verlor, was 40.000 Legionären ohne Not das Leben kostete.

Der zweite war Kaiser Valentinian II, der 454 n. Chr. seine rechte Hand, den großartigen Heermeister Aetius, der die Hunnenschlacht auf den Katalanischen Feldern 451 n. Chr. gemeistert hatte, eigenhändig ermordete.

Sie alle brachten Rom auf dem Weg in den Untergang unweigerlich einen Schritt weiter.

Nachdem Alarichs Angebot, von den geforderten 4000 Pfund Gold Abstand zu nehmen und sich mit einer geringeren Summe nach Pannonien zurückzuziehen, abgelehnt worden war, marschierte er im Herbst 408 n. Chr. nach Mailand.
Die beabsichtigte Geiselnahme des Kaisers kam nicht zustande, da dieser sich rechtzeitig nach Ravenna in Sicherheit gebracht hatte. Alarich marschierte daraufhin nach Rom, welches er einschloss.

Der Einzug Alarichs in Rom. Zeichnung von Hermann Knackfuß von 1890. Quelle: Das römische Imperium, Friedemann Bedürftig, Naumann & Göbel Verlag, S. 173.

Hunger bedrohte die Stadt und der Senat sah sich alsbald mit folgenden Forderungen Alarichs konfrontiert:

5.000	Pfund Gold
30.000	Pfund Silber
4.000	Stück Seidengewänder
3.000	Stück rotes Leder
3.000	Pfund Pfeffer

Und die Freigabe barbarischer Sklaven, Vermittlung eines Friedensschlusses zwischen Honorius und Alarich.

Der Senat der Stadt beugte sich und erfüllte die Forderungen des Alarich. Nach Zustandekommen eines Friedensschlusses beendete Alarich die Einschließung der Stadt Rom, zog mit seinen Kämpfern gen Norden, wo er sich mit weiteren gotischen Kriegern unter Führung des Athaulf verstärkte.

Ihm schwebte vor für Italien einen Kaiser seiner Wahl zu bestimmen und einzusetzen, um so selbst über eine Strohpuppe zu regieren.
409 n. Chr. tauchte Alarich vor Rom auf und erreichte über den Senat die Einsetzung des Priscus Attalus zum künftigen Kaiser.

Sein nächster Plan war, nach Nordafrika überzusetzen, dort zu siedeln und es gleichzeitig für Rom zu erobern.
Attalus war für diesen Plan nicht zu haben, er selbst tat, was Alarich tun wollte, scheiterte jedoch, Hilfe von Alarich lehnte er ab. Alarich sah sich getäuscht und setzte Attalus ab, eine Annäherung an Honorius blieb erfolglos.

Daraufhin überfiel und plünderte er Rom am 24.08.410 n. Chr. Mit reicher Beute zog er ab Richtung Afrika, doch schon das Übersetzen nach Messina scheiterte, die Hälfte der Schiffe versank aufgrund eines Sturms. Auf dem Rückweg nach Norden zwecks Ergänzung der Flotte verstarb Alarich und wurde 410 n. Chr. bei Cosenza im Busento beigesetzt.

Über Alarichs Nachfolger als König der Goten um das Jahr 412 n. Chr. berichtet Isidor. **Isidor** in „Geschichte der Goten, Vandalen und Sueven" (auszugsweise Abschrift gemäß Übersetzung David Coste, herausgegeben von Alexander Heine):

Kapitel 19: „Im 17. Jahre der Herrschaft des Honoriusim ersten Theodosius des Jüngeren, als Alarich nach Einnahme der Stadt Rom gestorben war, gaben die Goten die Krone Italiens am Athaulf, der sie sechs Jahre trug. Im fünften Jahr seiner Regierung verließ er Italien und ging nach Gallien.

Er heiratete Placidia, des Theodosius Tochter, welche die Goten in Rom gefangen genommen hatten ...

Während Athaulf dann Gallien verließ (415 n. Chr.), um Spanien anzugreifen, wurde er bei Barcelona von einem seiner Leute während einer vertraulichen Unterhaltung umgebracht."

Kapitel 20: „Im 22. Jahre der Herrschaft des Honorius nach dem Tod des Athaulf wurde Sigerich von den Goten zum König erhoben, der bald darauf von den Seinigen getötet wurde, weil er sehr geneigt war, mit den Römern Frieden zu schließen (417 n. Chr.).

Kapitel 21: „Im selben Jahr folgte auf Sigerich Walia. Er regierte drei Jahre und obgleich er von den Goten in kriegerischer Absicht zum König gewählt worden war, schloss er bald nach seinem Regierungsantritt ein Bündnis mit Kaiser Honorius, da ihn die göttliche Vorsehung zu einem Werkzeug des Friedens bestimmt hatte.

Auch gab er dem Kaiser seine Schwester Placidia, welche von den Goten in Rom gefangen genommen war, aufs Ehrenvollste zurück und versprach dem Kaiser, ihm im Interesse des Staates jeglichen bewaffneten Beistand zu leisten.

Daher brachte er, als ihn der Patrizier Constantius nach Spanien berief, im Namen des römischen Volkes den Barbaren schwere Niederlagen bei.‟

Kapitel 22: „Er vernichtete die silingischen Vandalen in Baetica. Die Alanen, welche über Vandalen und Sueven herrschten, schlug er derart aufs Haupt, dass nach dem Fall ihres Königs Alaces die wenig übriggebliebenen keinen eigenen König mehr wählten, sondern sich der Herrschaft des Vandalenkönigs Gunderich, der in Galicien seinen Sitz hatte, unterwarfen. Als Walia Spanien unterjocht hatte und sich rüstete, mit einer großen Flotte nach Afrika überzusetzen, wurde er in der Meerenge von Gades (Cadiz) durch einen gewaltigen Sturm übel zugerichtet.

Deshalb, und vielleicht auch in Andenken jenes Schiffbruchs des Alarich, unterließ er die Fahrt, verließ Spanien und kehrte nach Gallien zurück. Der Kaiser gab ihm zur Belohnung für seinen Sieg Aquitania Secunda und einige Städte von benachbarten Provinzen bis zum Ozean."

Jordanis schreibt in "Gotengeschichte" (auszugsweise zitiert gemäß Übersetzung Dr. W. Martens, herausgegeben von Alexander Heine):

Kapitel XXXI: „Als dieser (Athaulf) die Herrschaft übernommen hatte, kehrte er wieder nach Rom zurück. Was etwa von der ersten Heimsuchung übrig geblieben war, das schor er kahl ab, wie die Heuschrecken.

Er beraubte in Italien nicht allein die einzelnen Besitzer ihrer Reichtümer, sondern er nahm auch die des Staates weg, ohne dass der Kaiser Honorius irgendwie vermocht hatte, ihm zu widerstehen.

Auch führte er dessen Schwester Placidia, Tochter des Kaisers Theodosius von seiner zweiten Gemahlin, gefangen aus der Stadt mit sich.

Mit dieser jedoch vermählte er sich wegen ihres edlen Geschlechts und ihrer unbefleckten Keuschheit in richtiger Ehe in Forum Julii, einer Stadt der Aemilia.

Durch diese Verbindung sollten zugleich die fremden Völker, wenn sie die Kunde davon vernähmen, wie wenn das Reich mit den Goten vereinigt wäre, wirksamer abgeschreckt werden.

Den Kaiser Honorius verließ er, wenn derselbe auch von Macht entblößt war, doch wenigstens als seinen Verwandten voll dankbarer Gesinnung und zog nach Gallien.

Als er hier angekommen war, begannen die Nachbarvölker, die ehemals Gallien grausam befehdet hatten, Franken wie Burgundionen, erschreckt sich in ihrem Gebiet zu halten. Denn die o.g. Vandalen und Alanen saßen mit Erlaubnis der römischen Kaiser in den beiden Pannonien, und gingen, da sie aus Angst vor den Goten auch hier ihre Sicherheit gefährdet glaubten, wenn sie zurückkehren würden, nach Gallien hinüber.

Später aber flohen sie auch aus diesem Land, das sie kaum erst besetzt hatten, und schlossen sich in Spanien ein, indem sie sich noch aus den Erzählungen ihrer Ahnen erinnerten, welchen Schaden einst der Gotenkönig Geberich ihrem Volk zugefügt, und wie er sie durch seine Tapferkeit aus der Heimat vertrieben hatte. Infolge dieser Umstände also lag Gallien offen da für den heranziehenden Athaulf.

Nachdem daher der Gote seine Herrschaft in Gallien befestigt hatte, bekam er Mitleid mit den Spaniern.
Er beschloß, sie von den Einfällen der Wandalen zu befreien, ließ seine Schätze mit einigen Getreuen und dem nicht kriegsfähigen Volk in Barcilona zurück und betrat das innere Spanien.
Hier kämpfte er häufig mit den Wandalen, fiel aber im dritten Jahr seit der Unterwerfung Galliens und Spaniens von der Hand des Ewerwulf, der ihm sein Schwert in die Eingeweide bohrte, weil er dessen Gestalt zu bespötteln pflegte. Nach seinem Tode wurde Segerich zum König eingesetzt; aber auch er wurde durch die Tücke der Seinigen getötet und verlor noch schneller das Leben und die Herrschaft."

Kapitel XXXII: „Danach wurde, schon als der vierte König seit Alarich, Wallia zum König eingesetzt, ein gar strenger und kluger Mann.
Gegen ihn schickte der Kaiser Honorius aus Furcht, er möchte das lange vorher mit Atawulf geschlossene Bündnis brechen und nach Vertreibung der Nachbarvölker wieder gegen das Reich Unternehmungen im Schilde führen, den Konstantius, einen tüchtigen und schlachtenberühmten Kriegsmann, mit einem Heer.
Zugleich hatte er auch den Wunsch, seine Schwester Placidia von der Schmach der Knechtschaft zu befreien, und machte Konstantius aus, dass er sie mit den Waffen oder auf dem Wege des Friedens, kurz auf jede mögliche Weise, wie er nur könne, in sein Reich zurückführen solle; dafür wolle er sie ihm zur Frau geben.

Hierauf zog Konstantius frohlockend mit einer Menge Bewaffneter und schon fast königlicher Ausrüstung nach Spanien.

Der Gotenkönig Wallia zog ihm mit nicht weniger stattlicher Streitmacht an die Pyrenäenausgänge entgegen. Hier kam man durch beiderseitige Gesandtschaften zu dem Vertrag überein, dass der Gote die Placidia, die Schwester des Kaisers, zurückgeben und im Fall der Not dem Römischen Reich seine Hilfe nicht versagen solle.

Es hatte nämlich ein gewisser Kontantin damals in Gallien die Herrschaft an sich gerissen und seinen Sohn Konstans aus einem Mönch zum Kaiser gemacht.

Aber nicht lange behauptete er das angemaßte Reich, sondern er wurde bald von den verbündeten Goten und Römern, und zwar er selbst in Arelatum, sein Sohn in Vienna getötet (411 n. Chr.)

Nach ihnen fanden Jovin und Sebastian, die mit gleicher Verwegenheit das Reich in Besitz nehmen zu können glaubten, ebenso ihren Tod (412 n. Chr.).

Im zwölften Jahr der Regierung Wallias, als auch die Hunnen nach nahezu fünfzigjährigem Besitz Pannoniens von Römern und Goten vertrieben wurden, sah der Gotenkönig die Vandalen in seinem Gebiet, das heißt in Spanien, voll kühner Verwegenheit nach ihrem Abzug aus dem inneren Galicien, von wo sie schon Atawulf vertrieben hatten, hervorkommen und alles verwüsten, ungefähr in der Zeit, da Hierius und Ardabures Konsuln geworden waren (427 n. Chr.). Da zog er sogleich mit einem Heer gegen sie."

Kapitel XXXIII: ... „Wallia, der Gotenkönig, wütete mit den Seinigen sosehr gegen die Wandalen, dass er sie sogar in Afrika verfolgen wollte, hätte ihn nicht dasselbe Unglück erreicht, das ehedem den Alarich traf, als er nach Afrika wollte. Weit berühmt in spanischen Landen, kehrte er, nachdem er eien unblutigen Sieg gewonnen hatte, nach Tolosa zurück. Dem Römischen Reich überließ er nach Vertreibung der Feinde einige Provinzen, wie er es versprochen hatte. Er selbst wurde nach langer Zeit von einer Krankheit befallen und schied aus dem irdischen Leben."

Orosius schreibt in "Die antike Weltgeschichte in christlicher Sicht" (auszugsweise zitiert gemäß Übersetzung von Adolf Lippold):

Band II, Buch VII, Kapitel 43: „Im Jahre 1168 von Gründung der Stadt an (415 n. Chr.) vertrieb der in der gallischen Stadt Arles sich aufhaltende General Constantius mit außerordentlicher Aktivität die Goten aus der Provinz Narbonensis und zwang sie nach Spanien abzuziehen, wobei er ihnen vor allem jeden freien Verkehr von Schiffen und Handel mit Fremden verbot und abschnitt.

An der Spitze der gotischen Scharen stand damals König Athaulf. Nach dem Einfall in die Stadt und nach dem Tode Alarichs hatte er, wie ich gesagt habe, die gefangengenommene Schwester des Kaisers geschickt und war Alarich im Königtum nachgefolgt.

Wie man oft gehört hat und wie es durch die letzte Stunde seines Lebens erwiesen ist, hat er, ein ganz eifriger Anhänger des Friedens, es vorgezogen, treu dem Kaiser Honorius Kriegsdienst zu leisten und für die Verteidigung des römischen Staates die Streitkräfte der Goten aufzubieten...

... Er (Bürger aus Narbo) sei in Narbo mit Athauls sehr vertraut gewesen und habe oft unter Zeugen kennengelernt, was jener, da er sehr stark an Mut, Kraft und Geist war, zu beteuern pflegte.

Nach Auslöschung des römischen Namens habe er vor allem mit glühendem Eifer danach getrachtet, den ganzen römischen Reichsboden zu einem Reich der Goten zu machen, damit – volkstümlich geprochen – Gotia heiße und sei, was einst Romania gewesen sei, und jetzt Athaulf das werde, was einst Caesar Augustus gewesen sei.

Nachdem er aber durch unablässige Erfahrung zur Erkenntnis gekommen sei, dass weder die Goten wegen ihrer zügellosen Wildheit auf irgendeine Weise Gesetzen gehorchen konnten, noch die Gesetze des Staates, ohne die der Staat kein Staat sei, verboten werden könnten, habe er vorgezogen, sich durch die völlige Wiederherstellung und Mehrung der römischen Mauern mit Hilfe der gotischen Streitkräfte Ruhm zu erwerben. Er wolle bei der Nachwelt wenigstens als Urheber der Erneuerung Roms gelten, nachdem er nicht Veränderer hatte sein können.

Als er aber mit ganz besonderem Eifer diesen Frieden zu erreichen und herbeizuführen betrieb, wurde er in Barcinona, einer Stadt Spaniens, durch die Tücke der Seinen, wie es heißt, ermordet.

Nach ihm wurde Segericus von den Goten zum König gewählt. Während er ebenso nach dem Vorbedacht Gottes zum Frieden geneigt war, wurde er nichtsdestoweniger von den Seinen umgebracht.

Darauf folgte Vallia im Königtum nach, den die Goten dazu gewählt, den Frieden zu brechen, von Gott dazu eingesetzt, den Frieden zu bekräftigen.

Er war vor allem durch ein Gottesurteil erschreckt. Als es im Jahr zuvor ein großer Haufen von Goten, ausgerüstet mit Waffen und Schiffen, nach Afrika überzusetzen unternahm, wurde derselbe in Höhe von zwölf Meilen der Meerenge von Gades vom Sturm erfasst und war jämmerlich zugrunde gegangen.

Eingedenk war er auch jeder unter Alarich erlittenen Niederlage, als Goten, beim Versuch, nach Sizilien überzusetzen, im Anblick ihrer Leute beklagenswert vom Sturm erfasst wurden und versanken.

Vallia also schloß mit dem Kaiser Honorius, nachdem auserwählteste Geiseln gegeben waren, einen sehr günstigen Frieden. Placidia, die Schwester des Kaisers, die er ehrenvoll und in anständiger Weise bei sich hatte, gab er dem Bruder zurück. Für die Gewährleistung der römischen Sicherheit bot er an, auf sein Risiko gegen die übrigen Völker, die sich in Spanien niedergelassen hatten, zu kämpfen und für die Römer zu siegen.

Gleichwohl hätten auch die übrigen Könige der Alanen, Wandalen und Sueben mit derselben Überzeugung einen Vertrag geschlossen, da sie dem Kaiser Honorius sagen ließen: „Habe du Frieden mit uns allen und empfange Geiseln von allen; wir schlagen uns mit uns herum, kommen durch uns um, wir siegen für dich, zum unvergänglichen Gewissen für deinen Staat, wenn wir auf beiden Seiten zugrunde gehen." Wer würde dies glauben, wenn es nicht die Tatsachen lehrten?

So erfahren wir jetzt täglich durch zahlreiche und zuverlässige Boten, dass in Spanien Kriege der Völkerschaften geführt werden und Morde der Barbaren untereinander geschehen. Vor allem melden sie, dass der Gotenkönig Vallia daran festhält, den Frieden zustande zu bringen."

Soweit die Überlieferungen jener ersten Zeit der Westgoten unter Alarichs Nachfolgern im zweiten Jahrzehnt des fünften Jahrhunderts nach Christus; es waren die Erkenntnisse des Orosius, der quasi als Zeitgenosse die Informationen erhielt und verarbeiten konnte, er war am „dichtesten" am Geschehen dran. Verfasst wurden seine Berichte 417/418 n. Chr.

Mit etwas Abstand überliefert Jordanis in seiner Gotengeschichte das was ihm schriftlich vorlag und er verwerten konnte. Verfasst wurden seine Berichte 551 n.Chr., der dritte im Bunde der Geschichtsschreiber ist der Bischof von Sevilla, Isidor.Sicherlich hat er Kenntnis von den Inhalten der Überlieferungen des Orosius und des Jordanis gehabt. Isidor verfasste seine Berichte vermutlich um 620 n. Chr.

Nach Alarichs Tod im Süden Italiens im Jahre 410 n. Chr. ging unter seinen Nachfolgern die Suche nach geeignetem Siedlungsland für das westgotische Volk unvermindert weiter, war man doch bisher weder in Thrakien, Makedonien, Achaia, Epidaurus, Illyricum noch im Kernland Italia selbst fündig geworden, entweder war man "persona non grata" oder es gab nur ungeeignetes Land.

Sogar ein Versuch vom Festland über Sizilien nach Afrika zu gelangen, misslang.

Bisher hatten die Westgoten in Sachen eines endgültigen Domizils weder das Wohlwollen des Römischen Staates noch das nötige Quentchen Glück auf ihrer Seite. Es gab nur eins: Fortsetzung der Migration, weitermachen, wenn nötig gewaltsam. Raus aus dem Stiefel Italien, nach Norden, nach Westen abdrehen und Gallien inspizieren hieß die Parole.

Bevor die Westgoten Italien verließen, waren bekanntlich Alanen, Wandalen, Sueven, den Rhein im Jahre 406 n. Chr. überschritten habend, in Gallien eingefallen, hatten es verheert und waren 409 n. Chr. nach Spanien gelangt. Nachdem Stilicho notgedrungenermaßen die Rheinlinie entblößt hatte, unter Zurücklassung schwacher Frankenkräfte, hatte jene diese „legionsfreie" Zone durchquert – diese fehlenden römischen Legionäre hatte Stilicho zur Abwehr ostgotischer Eindringlinge nach Italien benötigt. So kam es zum nahezu ungehinderten Durchmarsch der Germanen durch Gallien und auch noch zum Einmarsch in spanische Gebiete.

Um 411 n. Chr. verfügte Rom dort folgende Gebietszuweisung für Römer und Germanen in Spanien:

Galaecia	Hasdingische Vandalen
Küstengebiete imWesten	Sueben
Lusitania und Carthaginensis	Alanen
Baetica	Silingische Vandalen
Tarraconensis	Römer

Die Ereignisse bei den Westgoten nach dem Tod Alarichs liefen wie folgt ab (jahreszahlmäßige Auflistung):

410 n. Chr.	Athaulf König
414 n. Chr.	Athaulf ehelicht Placidia, gefangene Schwester des west- römischen Kaisers Honorius
415 n. Chr.	Athaulf ermordet
415 n. Chr.	Sigerich König
415 n. Chr.	Sigerich ermordet
415 n. Chr.	Vallia König
417 n. Chr.	Vallia übergibt Placidia an Honorius, sie heiratet Constantius
418 n. Chr.	Römer u. Westgoten schließen Frieden. Rom dankt mit Zuweisung:"Aquitania Secundo"
418 n. Chr.	Ende des Königtums unter Vallia
419 n. Chr.	Theudered König

Das Tolosanische Reich:

Nach Alarichs Tod im Jahre 410 n. Chr. verließen die Westgoten Italien, 412 n. Chr. überquerten sie unter Athaulf die Alpen nach Westen und gelangten nach Südgallien.

Sie plündern in diesem Gebiet unter anderen in den Städten Narbonne, Toulouse und Bordeaux. Anschließend nahmen sie das Land südlich der Loire bis über die Pyrenäen hinaus von Toulouse bis Bordeaux in Besitz. Sogleich gründet Athaulf auf gallo-römischen Boden das erste westgotische Reich, das sogenannte Tolosanische, mit der Hauptstadt Tolosa.

Über Britannien, Gallien u. Spanien bzw. in Teilbereichen herrschten zu dieser Zeit folgende Gegenkaiser gegen den amtierenden Honorius:

407-411 n. Chr.	Konstantinus III
409-411 n. Chr.	Maximus
410-411 n. Chr.	Constans
411-413 n. Chr.	Jovinus
413 n. Chr.	Heraclianus
418-421 n. Chr.	Maximus

Konstantin III (Flavius Claudius Contantinus):

- 407 n. Chr.	durch römische Truppen in Britannia zum Augustus erhoben
	Herrscher in/über Britannia, Gallia und Italia
	Colonia
	Honorius versagt die Anerkennung
- 411 n. Chr.	bekampft, besiegt und umgebracht bei Arles durch Constantius III und gotischen Genral Ulfila
- 410 n. Chr.	Constantius III, Heermeister
- 415 n. Chr.	Patricius
- 417 n. Chr.	Heirat mit Galla Placidia
- 421 n. Chr.	Augustus

Maximus Usurpator:

- 409-411 n. Chr.	Ämterlaufbahn
- 409 n. Chr.	Augustus nach Erhebung durch Heermeister des Konstantin III, Gerontius
- 411 n. Chr.	Nach Tod Konstantins Zuflucht in Spanien

Constans Usurpator:

- 410-411 n.Chr.   Caesar
- 408 n. Chr.   Eroberung Spaniens
- 410 n. Chr.   Augustus
- 411 n. Chr.   Tod in Vienna

Jovinus Usurpator:

- 411-413 n. Chr.   Kaiser in Mundiacum gemäß Ausrufung durch
                       Alanen
                       Goar und Burgunden Gunthiarius, Anerkennung in
                       Britannien
- 412-413 n. Chr.   Besiegt bei Arelate durch Athaulf
                       Tötung durch Dardanus, praefectus, praetorio

Heraclianus Usurpator:

- 408 n. Chr.   Comes Africae
- 413 n. Chr.   Konsulat
- 413 n. Chr.   Ausrufung zum Kaiser
- 413 n. Chr.   Landung Italien, Niederlage Utricoli
- 413 n. Chr.   Tod in Karthago

Maximus Usurpator:

- 418 n. Chr.   Vandale Gundericus ruft Maximus zum Kaiser aus
                       Honorius erhält Gewalt über Maximus
- 422 n. Chr.   Hinrichtung des Maximus zu Ravenna

Athaulf schwebte vor, in Gallien an vorderster Stelle mitzuregieren, er nahm Verbindung zu dem seit 411 n. Chr. regierenden Usurpator Jovinus auf. Dieser jedoch verschloß sich seinem Ansinnen, ernannte einen Bruder zum Mitregenten. Daraufhin wechselte Athaulf die Fronten und bot seine Dienste dem rechtmäßig amtierenden Honorius an. Honorius fordert von Athaulf Waffenhilfe gegen Usurpatoren und bietet im Gegenzug als Lohn eine gallische Provinz und Getreide.

Zum Beweis für erfolgreiche Arbeit sollten durch Athaulf „Köpfe" nach Ravenna übersandt werden, im gleichen Atemzug ersuchte Honorius um Rückgabe seiner immer noch gefangenen Schwester.
Athaulf hatte Erfolg, er konnte Sebastian und Jovinus in seine Gewalt bringen, Jovinus wurde 413 n. Chr. hingerichtet.

Die „Getreidelieferungen" erhielt Athaulf hingegen nicht, wie zugesagt. Athaulf ist enttäuscht und „arbeitet" fortan auf eigene Rechnung, im südlichen Gallien erkämpft er für sich und die Seinen Narbonne, Toulouse, Bordeaux.

Athaulf beschließt im Jahre 414 n. Chr. die kaiserliche Schwester Galla Placidia selbst zu heiraten, was er auch in die Tat umsetzt. Die Hochzeitsfeier erfolgt zu Narbonne.

Inzwischen erhielten die Westgoten Land zugewiesen, Gallia Narbonensis. Da Athaulf als Germane nicht römischer Kaiser werden konnte, baute er den Attalus wiederum als "kaiserliche Marionette" auf, wie diesem bereits durch Alarich widerfahren war.

So erhielt er als Gegenkauser erneut den Purpur, musste jedoch nach Gefangennahme 415 n. Chr. in Rom teuer bezahlen, Verstümmelung, Verbrennung.

Im weiteren Verlauf wurde durch Honorius der General Constantius gegen Athaulf nach Gallien entsandt, ebenfalls wurde Getreidenachschub unterbunden. Constantius gelang es, die Westgoten über die Pyrenäen nach Spanien abzudrängen, Narbonnensis war frei. Zudem verlor Athaulf im Sommer 415 n. Chr. in Barzinona sein Leben; immerhin hatte er die Westgoten einen Schritt in Richtung Migrationsziel vorangebracht.

Nachdem er eine Einbringung des germanischen "Gutes" und damit eine Veränderung des "Römischen" nicht erreichen konnte, stand er für römisches Kulturgut ein, unterstützt durch die Kampfkraft der Germanen auf dem Boden des Imperiums.

Nach der Ermordung Athaulfs im Sommer 415 n. Chr. erhoben die Westgoten den Segericus zum neuen König. Nachdem ihm einerseits seine Friedensneigung und andererseits seine Schandtaten zum Vorwurf gemacht worden waren, wurde er nach nur einer Woche von den Seinen umgebracht.

Wiederum noch im Sommer 415 n. Chr. wählten die Westgoten dann einen neuen König, es wurde Vallia, der im Königtum nachfolgte.

Vallia war prorömisch eingestellt und schloß mit Honorius einen sehr günstigen Frieden, gab diesem ehrenvoll dessen Schwester Galla Placidia zurück.

Vallia bot an, für die Gewährleistung der römischen Sicherheit in Spanien gegen die übrigen germanischen Völker, die sich dort niedergelassen hatten, zu kämpfen.

Mit seinen Kriegern zog er von Barzinona entlang der Ostküste Spaniens nach Süden, erreichte noch 415 n. Chr. Cartugena, wo er die silingischen Vandalen angreift und besiegt.

Daraufhin begab er sich in den Südwesten Spaniens, wo er im Jahre 418 n. Chr. die Alanen bekämpfte und unterwarf. Hasdingen und Sueben blieben ungeschoren.

Vallia kehrte um, durchzog Spanien Richtung Norden, querte die Pyrenäen und erreichte noch 418 n. Chr. Aquitanien in Gallien.

Für seine Waffendienste erhielt Vallia für sein Volk von Rom die zugesagten Getreidelieferungen, 600.000 modii oder 52.500 Hektoliter. Constantius ehelichte die Galla Placidia, wurde Mitregent und Augustus; Constantius verstarb 421 n. Chr. in Ravenna.

Gallia Placidia wurde somit erneut Wittwe, ihr blieben ihre Kinder Honoria und Valentinian III, für den sie die Regierungsgeschäfte führte.

Die Westgoten, die sich in Südgallien für das Imperium bereithielten, erhielten für geleistete Kriegsdienste in Spanien als Anerkennung und quasi Siedlungsland die römische Provinz Aquitania II in Gallien zugewiesen, es handelte sich um das Gebiet zwischen den Flüssen Loire und Garonne sowie zwischen der Stadt Toulouse und dem Atlantik. Das übliche Drittel an Ländereien wurde an gotische Edelinge übertragen, später ertrotzten sie sich ein weiteres Drittel.

423 n. Chr. drangen die Westgoten sogar bis nach Arles vor.

418 n. Chr. wurde das Gründungsjahr des „westgotischen" Staates, des Tolosanischen Reiches auf römischen Boden in Gallien. Und das Dank der Weitsicht, des Kampfes unter Wallias und seiner Krieger. Die Vision war erfüllt, die Westgoten waren die ersten Germanen als Reichsgründer überhaupt und damit Vorläufer für alle nachfolgenden Staatsgründungen der Germanen auf weströmischen Reichsgebiet.

Natürlich geschah das auch dank der starken Führungsleistungen ihrer Anführer, Alarich, zuvor Athanarich, danach Athaulf und eben Wallia. Nach Wallians Tod im Jahre 419 n. Chr. folgte Theoderich I (Theudered) als Regierender in der Zeit von 419-451 n. Chr. Zwar blieb eine gewisse Abhängigkeit, ein gewisser Verbund mit Ravenna und Rom, Theoderich gelang jedoch auch ein Ausbau des Landes, weitergehende Autonomie wurde erstritten.

Pierre Salies schreibt: „Die Westgoten, die schon in Nimes und Narbonne nichts zerstört hatten, gingen daran, aus Toulouse eine prächtige Stadt zu machen mit reichen Palästen, so wie es einer Metropole zukam, von der aus bald ein großes Reich beherrscht werden sollte – ein Reich, das im Norden an der Loire begann und in Südspanien endete und das im Westen bis zum Atlantik, im Osten bis zur Rhone reichte."

Später wurden durch die Westgoten in Toulouse anlässlich des Wiederaufbaus eine Stadtmauer sowie ein 7 km langes Aquaedukt errichtet.

Theudered zeigte sich als rom-unfreundlich, zunächst erneuerte er das bis dato bestehende Bündnis nicht.
Er vereinnahmte weitere Städte für die Westgoten, belagerte u.a. Arelas, wo er durch Aetius in die Schranken gewiesen wurde; auch bei Narbo stieß er auf Widerstand, dieses Mal durch Liborius. 439 n. Chr. allerdings waren die Westgoten gegen Liborius in einer Schlacht erfolgreich und vernichteten das angetretene römische Heer.

Isidor schreibt dazu in „Geschichte der Goten, Vandalen und Sueven" (auszugsweise zitiert gemäß Übersetzung D. Coste. Herausgegeben von Alexander Heine):

Kapitel 25: „Nach dem Untergang des Liborius schloss Theudered mit den Römern Frieden und lieferte gegen die Hunnen, welche Galliens Provinzen weit und breit verwüsteten und zahlreiche Städte zerstört hatten, unter Beihilfe des römischen Feldherrn Aetius auf den Katalannischen Feldern eine Schlacht, in der er siegreich kämpfend fiel. Die Goten aber setzten unter seinem Sohne Thorismund den Kampf mit solcher Tapferkeit fort, dass in dieser Schlacht von Anfang bis Ende ungefähr 300.000 Mann gefallen sind."

Die Westgoten hatten erkannt, dass sie gegen die Hunnen allein nicht würden bestehen können, so wurde mit den Römern, die sich in derselben Lage befanden, Frieden geschlossen und der hunnische Ansturm mit vereinten Kräften gebremst, Gallien war vorerst befreit und konnte fortan wieder aufgebaut werden.
Bei diesem Kampf hatten nolens volens Goten gegen Goten kämpfen und sterben müssen, Westgoten loyal gegen Römer, freiwillig auf gleicher Augenhöhe, Ostgoten loyal gegen Hunnen, jedoch unfreiwillig, da gezwungenermaßen botmäßig. Später unterstützten sich die Gotenvölker gegenseitig, Westgoten unterstützten Ostgoten gegen Burgunden und Odoaker, Ostgoten retteten Septimanien für die Westgoten im Kampf gegen Franken.

Der Ostgote Theoderich nahm 507-526 n. Chr. die Vertretung und Regentschaft der Westgoten in Spanien wahr, nachdem diese durch die Franken aus Südgallien vertrieben worden waren.
Unter TheuderichII (453-466 n. Chr.) wurden 456 n. Chr. Teile des Suebenreiches hinzugewonnen.
Eurich (466-484 n. Chr.) gelang 471 n. Chr. ein Sieg über die Römer und damit die Unabhängigkeit des westgotischen Reiches.

Das neue Reich wurde vergrößert um Pamplona, Saragossa, Tarragona und die Auvergne. 474 n. Chr. erfolgte die Einnahme von Clermont.

Unter Eurich wird 475 n. Chr. der „Codex Euricianus" erstellt.

Staatstragende Maßnahmen des 1. Reiches waren:

- Übernahme römischer Kultur, Beibehaltung Sprache, Sitte, Glaube

Staatstragende Maßnahmen des 2. Reiches waren:

- Übernahme des katholischen Glaubens, Verschmelzung mit romanisch-iberischer Bevölkerung

Besondere Folgedaten des Westgotischen Reiches:

494-506 n. Chr.	Westgoten erobern große Teile Spaniens
507 n. Chr.	Westgoten unterliegen Franken bei Pistacium/Poitiers zugleich Ende des Tolosanischen Reichs u. somit der westgotischen Herrschaft in Südgallien
507-511 n. Chr.	Franken erobern alle westgotischen Gebiete in Gallien, mit Ausnahme Septimanien
507-526 n. Chr.	Ostgotische Regentschaftsübernahme für das Westgotische Reich in Spanien
507-711 n. Chr.	Toledonisches Reich der Westgoten in Spanien Verlust Septimaniens an Franken
552 n. Chr.	Verlust Raum Malaga an Ostrom, auf Betreiben Justinians I.
569-586 n. Chr.	Zugewinn von Teilen Spaniens und suebischer Gebiete unter König Leuwigild
589 n. Chr.	Westgoten nehmen katholischen Glauben an
625 n. Chr.	Westgoten erobern oströmische Gebiete im Südosten Spaniens zurück
711 n. Chr.	Niederlage und Untergang des Westgotischen Reiches nach Kampf gegen Araber bei Xerez de la Frontera wegen mangelnder politischer Geschlossenheit, fehlender innerer Festigkeit
721 n. Chr.	Pelagius liefert bei Covadonga den Sarazenen eine verlustreiche Schlacht, zgl. Beginn der Reconquista.

Die großen Völkerschaften der Germanen, wie die Goten, unterteilt in West- und Ostgoten, sowie die Vandalen hatten teilweise über Jahrhunderte lang und unter unsäglichen Mühen ihre Wanderungen abgeschlossen – natürlich wussten sie anfangs nicht, wo sie dereinst „landen" würden, wie auch die

Jüngsten nicht wussten, woher sie eigentlich kamen. Eine Heimatverbindung dürfte es kaum mehr gegeben haben.

Auch machten sie unterwegs halt und lange schien es, dass sie für immer dort bleiben würden, es gab ja immerhin ein erträgliches Auskommen, „angereichert" mit Erträgen von gelegentlichen Raubzügen.

Doch es sollte anders kommen.

Aus ähnlichen Motiven wie die der Germanen die Heimat verlassen habend, donnerten Ende des 4. Jahrhunderts n. Chr. die Hufe von zehntausenden von Hunnenpferden angetrieben durch die für die westliche Welt fremdartigen Reiter durch Tundra, Taiga, Steppen und Weideländer, das Ergebnis dieses Ritts war zu lesen.

Die Hunnen vertrauten auf sich selbst, taten „ihr" Recht und scheuten niemand.

Irgendwann hatten sie alle empfindlich aus ihren Träumen erweckt und durcheinander gewirbelt. So kam es, dass die germanischen Völkerschaften nolens volens ihre „abgebrochene" Migration erneut fortsetzten, abschnittsweise.

Gelegentlich trieben oder bremsten auch andere Germanische „Kameraden" oder die Römer.

Irgendwann, nach vermehrten blutigen Auseinandersetzungen, ergaben, erlagen die Römer den neuen Kräften, die ihrerseits „Römisches" annahmen.

Rom war zwar nicht mehr Rom, doch es lebte in den Germanen weiter, neue Völkerschaften entstanden auf den rauchenden Trümmern des weströmischen Reiches.

Ostrom hingegen blieb, was es war – nach Durch- und Abzug der Goten. Justinians I. Aufbäumen, beide römische Teile noch einmal zusammen-zuführen und das römische Imperium unter seiner Führung erneut auferstehen zu lassen, scheiterte, allerdings erst nach beachtlichen Anfangserfolgen, wie bekannt.

Wie diese großen Germanenreiche auf römischem Boden irgendwann entstanden, ihren Höhepunkt erreichten, so vergingen sie auch irgendwann wieder, und immer gab es mehrere Gründe, die dazu führten. Geringere Population, Apartheid, Verhalten als Herrenmenschen, Beharren auf eigenem Glauben, keine Verbindung zum Herkunftsland mögen einige gewesen sein.

So entstanden ein Westgotenreich, ein Vandalenreich und ein Ostgotenreich, sie existierten und verschwanden wieder von der Bildfläche.

Das ebenfalls zu dieser Zeit entstandene „Frankenreich" hingegen überdauerte die anderen Genannten, hauptsächlich wohl deswegen, weil sie in der glücklichen Lage waren, hautnahen Kontakt zu ihrem Herkunftsland aufrechtzuerhalten und somit immer „menschlicher Nachschub" das neue Reich am Leben hielt.

Noch ein Plus, sie machten stets nur relativ kleine und überschaubare Eroberungen, die sie letztendlich auch beherrschen konnten, sie gaben sich mit erreichbaren Zielen zufrieden!

Im Soge dieser „großen" wurden zahllose namenslose, will sagen wenig oder kaum bekannte Völkerschaften ins Glück oder in den Untergang gezogen, mal unfreiwillig, mal freiwillig.

Mit von der Partie waren die „mittleren" Sueben, Burgunden, Alamannen, Angeln und Sachsen und zuguterletzt die Langobarden, alle erstritten sich ihren Anteil von der großen römischen Torte, irgendwann war auch sie verzehrt.

Die Sueben

Ein weiterer germanischer Volksstamm auf langjähriger Wanderung und Suche nach Neuland einer neuen Heimat war der der Sueben.

Von ihnen wird weniger berichtet als über Ereignisse, die sich bei Goten und Vandalen abspielten.

Die Sueben marschierten und kämpften im Windschatten der Vandalen auf dem Weg von Germania Magna nach Spanien.

Die Sueben, deren vornehmster und ältester Stamm der der Semnonen ist, stammen ursprünglich aus dem skandinavischen Raum.

Sie zogen bereits lange Jahre vor der Zeitenwende nach Süden - über Schleswig-Holstein an die mittlere Elbe, zunächst beiderseitig der Elbe, später ostwärtig bis zur Havel.

Um 300 n. Chr. wuchsen sie zu einem einheitlichen Stammesgefüge und breiteten sich über die norddeutsche Tiefebene aus; ihre Wohnsitze werden unterschiedlich angegeben.

Näheres übermitteln Caesar, Plinius der Ältere Tacitus und auch Isidor.

Caesar schreibt in „Der gallische Krieg" (auszugsweise zitiert aus Caesar/Tacitus "Berichte über Germanen und Germanien", herausgegeben von Alexander Heine), Viertes Buch, das Jahr 55 n. Chr., „Die Heerfahrt der Usipeter und Tencterer":

„... Der Stamm der Sueben ist weitaus der größte und kriegerischste von allen Germanen. Sie sollen hundert Gaue innehaben und schicken aus jedem von diesen alljährlich tausend Bewaffnete außer Landes in den Krieg (=100.000). Die übrigen, welche in der Heimat geblieben sind, beschaffen für sich und jene den Unterhalt. Dafür stehen sie das nächste Jahr unter Waffen, während die anderen zuhause verblieben. So wird, denn weder der Ackerbau noch die Kenntnis und Übung des Krieges vernachlässigt.

... Die Jagd, verbunden mit der kräftigen Nahrung, der täglichen Übung in den Waffen und der ungezwungenen Lebensweise, da sie, von Jugend auf an keinen Gehorsam und an keine Zucht gewöhnt, durchaus nach ihrem freien Willen handeln, alles das mehrt ihre Kräfte und schafft Menschen von so erstaunlicher Körpergröße. In ihrer Abhärtung haben sie es so weit gebracht, dass sie in den Flüssen baden und selbst in den kältesten Gegenden keine andere Kleidung tragen als kleine Felle, die einen großen Teil des Körpers unbedeckt lassen.

... Ja nicht einmal ausländischer Pferde, an denen doch die Gallier eine ganz besondere Freude haben und die sie sich um teures Geld anschaffen, bedienen sich die Germanen, sondern sie sorgen dafür, dass ihre kleine und hässliche einheimische Rasse durch tägliche Übung an die größten Anstrengungen gewöhnt werden. In Reitergefechten springen sie oft von den Pferden herab und kämpfen zu Fuß. Die Pferde aber sind so dressiert, dass sie auf derselben Stelle stehenbleiben; daher können sich die Reiter, wenn es nötig ist, schnell zu ihnen zurückziehen."

Viertes Buch, „Caesars erster Übergang über den Rhein": „...Überdies baten ihn die Ubier, die allein von den "Überrheinischen" Gesandte an Caesar geschickt, Freundschaft mit ihm geschlossen und Geiseln gestellt hatten, dringend um Hilfeleistung, weil sie von den Sueben arg bedrängt wurden.

... und zog sich dann ins Gebiet der Ubier zurück. Diesen sagte er Hilfe zu, falls sie von den Sueben bedrängt würden. Bei dieser Gelegenheit erfuhr er von ihnen folgendes:
Nachdem den Sueben durch ihre Kundschafter von dem Brückenbau Nachricht zugekommen wäre, hätten sie nach ihrer Gewohnheit eine Versammlung abgehalten und nach allen Richtungen Boten ausgesandt, sie sollten ihre Städte verlassen, Kinder, Weiber und ihre Habe in den Wäldern in Sicherheit bringen; die ganze waffenfähige Mannschaft solle an einem Orte zusammenkommen. Hierzu habe man fast den Mittelpunkt aller der Gegenden ausgewählt, die von den Sueben bewohnt würden (Nürnberg).
Hier hatten sie beschlossen, die Ankunft der Römer zu erwarten und die Entscheidungsschlacht zu schlagen."

Sechstes Buch, „Der Feldzug gegen die Sueben": „... beschloss er aus zwei Gründen den Rhein zu überschreiten: erstens, weil die Germanen den Treverern Hilfstruppen gegen ihn geschickt hatten.
... Bei nährerer Untersuchung der Sache fand Caesar, dass die Sueben Hilfstruppen geschickt hatten. Er nahm daher die Rechfertigung der Ubier an und zog über die Zugänge und Straßen ins Land der Sueben Erkundigungen ein. Unterdessen erhielt er einige Tage darauf von den Ubiern die Nachricht, die Sueben zögen alle ihre Streitkräfte auf einen Punkt zusammen und erteilten den unter ihrer Herrschaft stehenden Stämmen den Auftrag, Hilfstruppen zu Fuß und zu Ross zu stellen.
Auf diese Nachrichten hin sorgte er für die Verpflegung und wählte sich einen geeigneten Lagerplatz. Den Ubiern befahl er, ihre Herden in Sicherheit zu bringen und ihre ganze bewegliche Habe vom flachen Land in die Städte zu schaffen, in der Hoffnung, die barbarischen und kurzsichtigen Feinde könnten sich vielleicht durch Mangel an Lebensmitteln zu einem Kampf unter ungünstigen Verhältnissen verleiten lassen.

Zugleich trug er den Ubiern auf, häufig Kundschafter zu den Sueben zu schicken und die dortigen Vorgänge auszuforschen.

Jene leisteten den Befehlen Folge und berichteten schon nach Verlauf weniger Tage: Alle Sueben hätten sich, nachdem ihnen zuverlässige Kunde über das römische Heer zugekommen wäre, mit ihrer gesamten vereinigten Streitmacht und den Truppen ihrer Bundesgenossen an die äußerste Grenze ihres Landes zurückgezogen. Dort sei ein Wald von unermesslicher Ausdehnung namens Bacenis. Dieser erstreckte sich weit ins Innere und schütze als eine natürliche Grenzmauer die Cherusker vor den Unbilden und Überfällen der Sueben und die Sueben vor dessen der Cherusker.

Am Eingang dieses Waldes wollten die Sueben ihrem Beschluss zufolge die Ankunft der Römer erwarten.

... Als Caesar durch ubische Kundschafter erfuhr, dass sich die Sueben in die Wälder zurückgezogen hatten, beschloss er, nicht weiter vorzurücken. Er fürchtete nämlich Getreidemangel, da, wie oben erwähnt, die Germanen nur sehr wenig Ackerbau betreiben.

Um aber den Barbaren doch nicht alle Furcht vor seiner Rückkehr zu nehmen, ließ er nach vollbrachtem Rückzug seines Heeres den äußersten Teil der Brücke, die an das Ufer der Ubier stieß, in einer Länge von zweihundert Fuß abbrechen und hier auf dem letzten Ende einen Turm von vier Stockwerken errrichten.

Zum Schutz der Brücke legte er eine Besatzung von zwölf Kohorten dahin und sicherte diesen Punkt durch starke Verschanzungen. Den Oberbefehl über die Bedeckungsmannschaft übertrug er dem jungen Gajus Volcacim Tullus."

Erstes Buch, „Ariovist wirft Caesars Gesandte ins Gefängnis – Niederlage und Flucht der Germanen": „Er selbst rückte in dreifacher Schlachtlinie gegen das feindliche Lager vor. Da endlich führten die Germanen notgedrungen ihre Truppen aus dem Lager heraus und stellten sie nach Völkerschaften in gleichen Zwischenräumen auf:

Haruder	Nemeter
Marcomannen	Seduster
Tribocer	Sueben
Vangionen	

Zugleich umschlossen sie ihre ganze Schlachtordnung mit Wagen und Karren, damit ihnen keine Hoffnung auf Flucht übrigbliebe.

Dorthin brachten sie ihre Weiber, welche die in die Schlacht ziehenden Männer unter Händeringen und Tränen anflehten, sie nicht in die Knechtschaft der Römer fallen zu lassen.

Caesar übertrug das Kommando der einzelnen Legionen seinen Legaten und dem Quästor, damit ein jeder diese als Zeugen seiner Tapferkeit hätte; er selbst begann auf dem rechten Flügel das Treffen; weil er bemerkt hatte, dass dieser Teil der Feinde am schwächsten war. So hitzig griffen die Unseren auf das gegebene Signal den Feind an und so plötzlich und so geschwind stürzten die Feinde ihnen entgegen, dass keine Zeit blieb, die Wurfspeere auf sie zu schleudern. Man warf diese also weg und kämpfte Mann gegen Mann mit den Schwertern. Allein die Germanen bildeten nach ihrer Gewohnheit schnell eine Phalanx und fingen so die Hiebe der Schwerter auf.

Doch fanden sich mehrere unter unseren Soldaten, welche auf die Phalangen lossprangen, die Schilde mit ihren Händen voneinanderrissen und von oben herab die Feinde verwundeten.
Als nun die Schlachtlinie der Feinde auf dem linken Flügel geworfen und in die Flucht geschlagen war, setzten sie auf dem rechten Flügel mit ihrer Übermacht den Unsrigen um so heftiger zu.
Dies bemerkte der junge Publius Crassus, der Anführer der Reiterei, da er minder in Anspruch genommen war als die am Gefecht Beteiligten und schickte daher die dritte Schlachtlinie den Unsrigen in ihrer Not zu Hilfe.
So wurde das Treffen wiederhergestellt; alle Feinde ergriffen die Flucht und ließen nicht eher davon ab, als bis sie zum Rheinstrom, ungefähr fünf Meilen von Schlachtfelde entfernt, gekommen waren.

Nur sehr wenige versuchten hier im Vertrauen auf ihre Kräfte hinüberzuschwimmen, oder sie fanden Rettung auf zufällig vorgefundenen Kähnen; unter diesen befand sich auch Ariovist, der ein am Ufer angebundenes Schiffchen erreichte und auf diesem entfloh. Alle übrigen wurden von unserer Reiterei eingeholt und niedergemacht.

Als die Kunde von dieser Schlacht über den Rhein gedrungen war, zogen sich die Sueben, die bereits an dessen Ufern angelangt waren, allmählich nach Hause zurück."

Aus Caesars Überlieferungen wird deutlich, dass die Sueben mit Teilen ihrer Völkerschaft den Sitz an der Elbe in Richtung Südwesten Germania Magnas, auf den Rhein zu, verlassen hatten, dort war man etwa gegen 100 v. Chr. angelangt.

Vielleicht sind Kimbern und Teutonen aufgrund ihrer durchgeführten Migration als Vorreiter angesehen worden, denen man nun nachzueifern gedachte.

So siedelten bereits Wangionen, Nemeter, Triboker, Teilstämme der Sueben, auf dem linken Rheinufer bis hinein ins spätere Lothringen, als 72 v. Chr. der mächtige und weithin bekannte Suebenfürst Ariovist mit 15.000 Kriegern den Rhein nach Westen überquerte.

Der Volksstamm der gallischen Sequaner hatte ihn um Hilfe in ihrem Kampf gegen Häduer ersucht, mit dem Versprechen, ihm nach deren Überwindung Siedlungsland zur Verfügung zu stellen. Gesagt, getan.

Arriovist besiegte besagte Gallier 62 v. Chr. im Saone-Rhonetal bei Admageto-briga, tat sich im Lande gütlich und breitete sich aus, die Zahl der „Eindringlinge" wuchs zwischen 72 und 62 v. Chr. auf 120.000 Köpfe.

Das brachte andere gallische Teilstämme auf den Plan und somit die Angelegenheit vor Caesar, der im Begriff war, ab 58 v.Chr. das eigentliche Gallien, das transalpinische Gallien als Provinz für das Imperium Romanum zu erobern.

Dieser witterte sofort eine erneute „Kimberngefahr", wenn nicht der weiteren Ausbreitung der Germanen unter Ariovist umgehend Einhalt geboten würde. Ariovist musste daher über den Rhein nach Osten zurückgedrängt werden.

Caesar gelang es, Ariovist aus der Reserve zu locken, bei Mühlhausen kam es zur Schlacht, u. a. mit Hilfe der X. Legion wurden die Sueben geschlagen, verfolgt und niedergemacht, nur wenige, unter ihnen Ariovist, entkamen über den 7 km entfernten Rhein nach Osten. Das geschah im Jahre 58 v. Chr.

Damit war eine Landnahme der Germanen in Frankreich fürs erste gescheitert, sieht man von den bereits seit 70 v. Chr. linksrheinisch siedelnden Wangionen, Nemetern und Tribokern ab.

Die Sueben jenseits des Rheins konzentrierten sich küftig am unteren Neckar und am unteren Main.

Zusätzlich berichtet Caesar über seine Rheinübergänge in den Jahren 55 und 53 v. Chr. in Höhe Koblenz-Neuried, als Grund gibt er an, die Ubier vor Sueben zu schützen, zugleich verheerte er die Gebiete der Sugambrer.

Währenddessen hatten sich die Sueben in den Raum Nürnberg zurückgezogen, zu einer Auseinandersetzung mit den Römern kam es nicht.

Aufgrund des zweiten Rheinübertritts zogen sich die Sueben bis an den Wald Bacenis zurück, Grenzwald zu den Cheruskern.

Caesar der im Land der Ubier stand folgte den Sueben nicht, sondern zog sich über den Rhein zurück, an der Übergangsstelle ließ er starke Kräfte zurück und ordnete an, Verschanzungen anzulegen, was auch geschah.

Plinius der Ältere liefert in seinem Werk Naturalis IV einen kurzen Hinweis über Sitz und Lage der Sueben:

„Im Landesinneren (Germania Magna) wohnen die Hermionen, zu denen die Sueben, Hermundurer, Chatter und Cherusker gehören ..."

Zur Einordnung bezüglich der örtlichen Lage der Wohnsitze der Sueben läßt sich wohl sagen, dass sie südlich der Cherusker und ostwärts der Chatter ihr Domizil hatten.

Südlich der Sueben in Mitteldeutschland, hatten die Hermunduren ihre Sitze, auch sie verließen den Platz und erreichten kurz vor der Zeitenwende auf ihrer Landsuche das Gebiet des oberen Mains.

Von dort zogen sie weiter an die Donau, wo sie auf den Bereich des römischen Statthalters Ahenobarbus stießen, sie unterstellten sich ihm friedlich, woraufhin man ihnen gewisse Freiheiten zugestand. Man trieb Handel mit ihnen in Augusta Vindelicum, Hauptstadt der Provinz Raetia II.

Die Hermunduren weiteten ihr Gebiet nach Mittel- und Oberfranken aus, hielten auch weiterhin Verbindung zu ihrem unrsprünglichen Heimatsitz; ostwärts siedelten suebische Naristen.

Noch vor der Zeitenwende zogen die Markomannen und Quaden, ebenfalls unter dem Begriff „Sueben" laufend, an den unteren Main in die Wetterau. Inzwischen waren die Römer näher gerückt, was u. a. Völker unter Marbod um 7. v. Chr. bewog, entlang des Mains stromaufwärts nach Böhmen zu ziehen, welches sie, nach Vertreibung der dortigen keltischen Bojer, in Besitz nahmen. Die Quaden siedelten etwas weiter ostwärts, zwischen den Flüssen March und Thaja. Dieses besetzte Gebiet bleibt seit Marbod fest in Besitz der Sueben.

Nach dem Chaos, das nach dem Tod des Kaisers Nero in Rom eintrat, witterten die Rheingermanen eine Chance gegen Rom aufzutrumpfen; im Jahre 69/70 n. Chr. erhoben sich die Bataver unter Civilis. Am Oberrhein kämpften die Suebenvölker der Wangionen und Triboker gegen die Römer, verloren und wurden „bestraft", die neutral gebliebenen Nemeter „belohnt".

Tacitus schreibt in "Germania" (auszugsweise zitiert gemäß Berichte über Germanen und Germanien. Herausgegeben von Alexander Heine):

„... und ist von den Sueben zu reden, die nicht wie die Chatten und Tenkterer ein Volk bilden. Sie haben nämlich den größten Teil Germaniens inne, und zerfallen wieder in besondere Stämme mit eigenem Namen, obwohl sie im allgemeinen Sueben genannt werden.
Abzeichen dieses Volkes ist es, das Haar schräg über den Kopf zu nehmen, und in einen Knoten zusammenzuschürzen.

Für die ältesten und edelsten der Sueben geben sich die Semnonen aus ... sie wohnen in hundert Gauen, und schon die Größe ihrer Körperschaft bewirkt, dass sie ihren Stamm für das Haupt der Sueben halten ..."

166 n. Chr. hatte sich der Druck auf die zuvor abmarschierten Völkerschaften durch die jetzt aus dem Inneren Germaniens nach Westen und Süden nachdrängenden Völkerschaften stark erhöht. An Rhein und Donau geriet man mächtig unter Druck. Die als Teilstämme der Sueben geltenden Markomannen und Quaden drängten daraufhin mit Macht über die Donau nach Süden und berannten das römische Bollwerk der Grenzfesten. 14 ganze Jahre dauerte dieser Krieg, der mit der Ansiedlung von Germanen südlich der Donau sein Ende fand.
Etwa zur gleichen Zeit kam "Nachschub" an Sueben mit Frauen und Kindern in den Maingau, um 180 n. Chr. verdichtete sich auch hier die suebische Population gewaltig.

Mittlerweile hatten die Sueben schmerzhaft erkennen müssen, dass sie den Römern mit für sie verlustreichen Einzelaktionen nicht beikommen konnten, geschweige denn in Gallien Fuß fassen.

Man entschloss sich daraufhin, da nur gemeinsam der Limes überwunden werden konnte, zu einer Zusammenführung der bisher vereinzelt agierenden Suebenstämme unter dem künftigen Kampfverband "Alamannen":

Semnonen
Mainsueben
Neckarsueben
Hermunduren (Teile)
Juthungen

Die Teilstämme der Sueben geschlossen, fühlten sich als Alamannen stark genug, den Limes zu überwinden.

Über die Jahrhunderte erfolgten herausragende Vorstöße:

213 n. Chr.   Durchbruch bei Worms, anschließende Niederlage im Maingau gegen Caracalla.

233 n. Chr.   Angriff auf den obergermanisch-rätischen Limes, dabei Zerstörung römischer Militäranlagen und Zivilsiedlungen. Querung des Rheins, zurückgeschlagen durch Maximinus Thrax.235 n. Chr. beendete er den in Württemberg geführten Krieg.

250 n. Chr.   Mehrfache zeitgleiche Angriffe auf Limes
- unterer Main
- Kocherabschnitt
- Schorndorfer Eck
- Wörnitz
- Altmühl

Alamannen besiegten die Grenzwachen der Römer am Grenzwall, auf den Wachttürmen, in den befestigten Lagern, das Hinterland wurde besetzt. Damit war an diesen Einbruchstellen die Limesfestung überwunden; man war im Zehntland und ging daran, es zu besetzen.

255 n. Chr.   Kaiser Postumus anerkannte die "neue Grenzen", die
                Alamannen waren im Besitz des ersehnten Siedlungslandes.

259/260 n. Chr. Generalangriff auf die römische Grenze vom Niederrhein bis
                zur Donau, als Folge gaben die Römer das Dekumatland
                endgültig auf.Als neue Abschottungslinie entstand der Rhein-
                Iller-Donau-Limes.
                Aus Teilen von Raetien und Obergermanien entstand
                "Alamannia". Die Neusiedler bezogen die verlassenen
                römischen Häuser in den Ortschaften, Städten und gründeten
                u. a. bei Urach eigene Siedlungen.

Wie, auf welche Weise erfolgte eine Besiedlung auf "germanisch"?

Im Detail beschreibt diesen Vorgang **Hans W. Hammerbacher** in seinem Werk „Die hohe Zeit der Sueben und Alamannen": Die Besiedlung des neuen Landes.

"Mit dem gleichen Schwung, der den Kampfbund der Alamannen bei der Einnahme des Landes beseelt hatte, gingen nun die landhungrigen neuen Bewohner an die friedliche Arbeit und gründeten überall ihre Dörfer.
Im Umkreis des mittleren Neckar, seiner Nebenflüsse, der Jagst, des Kochers, der Rems, der Glems, der Murr, der Wörnitz aber auch am Oberrhein, an der oberen Donau, im Breisgau, am Bodensee ließen sie sich nieder.

Die Alamannen waren trotz ihrer Wehrhaftigkeit im Grunde ihres Wesens Bauern geblieben. Nach Zuteilung bestellten sie ihre Äcker, die Schmiede hatten vollauf zu tun, um das benötigte Gerät herzustellen. Das Vieh weideten sie auf der Gemeinweide,der Allmende, einer alamannischen Einrichtung.
Jeder freie Alamanne bewohnte ein eigenes Gehöft. Dieses bestand aus dem Wohnhaus, der Scheuer, dem Fruchtkasten, dem Vorratsraum, einem Kuh-,

Schaf- und Schweinestall, ferner aus einem Gebäude für Knechte. Das Dorf wurde umhegt von einem Holzzaun, dem Etter, innerhalb dessen jeder Bauer an seinem Hof Bäume pflanzte.

Diese Dörfer wurden jeweils abseits von den römischen und keltischen Steinbauten angelegt. Mit den Zwingburgen und Städten wollten die Alamannen nichts zu tun haben. An Waffen trug jeder freie Alamanne ein Langschwert (Spatha), ein Kurzschwert (Sax), die Lanze und den Schild.

Als Dorfgründer traten meist Adlige auf, die sich aber hinsichtlich ihrer Rechte nicht allzusehr von den Freibauern unterschieden. Ihr Hof war größer als die übrigen, sie hielten Pferde und waren beritten. Sie wurden zu den Landesversammlungen berufen.

Dem Namen des Gründers wurde die Endung -ingen angehängt. Viele dieser alamannischen Urdörfer treffen wir heute noch im Alamannenland an. Manche haben sich später zu Städten entwickelt, so z. B. Esslingen, das Dorf des Azilo, die spätere freie Reichsstadt, dann Sindelfingen, Böblingen, Waiblingen, Reutlingen, Sigmaringen, um nur einige zu nennen. Andere sind Dörfer geblieben wie Echterdingen, Ofterdingen, Gomaringen, Herbrechtingen, Bildedingen, Hörvelsingen usf.

Mehrere dieser Dörfer bildeten eine Hundertschaft. An den Orten der Hundertschaften war ein Adliger ansässig, wie dies heute noch aus den Namen Munderkingen (Muntharikeshuntari) an der Oberen Donau, Hundersingen (Huntaresingen) und Münsingen auf der Schwäbischen Alb (Munigiseshuntare) hervorgeht.

Diese Hundertschaftsführer hatten für die Wehrbereitschaft ihres Bezirks zu sorgen, eine für die Gründerzeit äußerst wichtige Aufgabe. Sie hatten auch Pferde und Ausrüstung bereitzustellen."

Während die Alamannen bis 260 n. Chr. vor dem obergermanisch-raetischen Limes mit Masse an dessen Ostseite verharrten, ergab sich anschließend folgende Landnahme mit Besiedlung:

- ab 260 n. Chr. Gebiet zwischen Odenwald, Schwäbischer Alb, Schwarzwald und Raum Basel
- 277 n. Chr. besiegt der römische Kaiser Probus die Alamannen und sichert ein weiteres Mal die Rheinlinie für Rom
- ab 350 n. Chr. Linzgau nördlich des Bodensees
- ab 455 n. Chr. Schweiz südlich des Bodensees
- ab 472 n. Chr. Raum südlich der Schwäbischen Alb bis zum Lech
- ab 510 n. Chr. Raum München

Zwischenzeitlich ergab sich zur Jahreswende 406/407 n. Chr. ein großer Aderlaß, dergestalt, dass sich viele Sueben, u. a. die Quaden, den nach Gallien einfallenden Alanen und Vandalen anschlossen und mit ihnen nach Spanien weiterzogen, um dort ihren endgültigen Platz im Nordwesten des Landes zu finden.

Die „neue Heimat" lag ab sofort zwischen Main und Bodensee, auch erfolgte eine Kontaktaufnahme mit den linksrheinischen Tribokern, wozu Alamannen über den Rhein setzten.

Derzeit standen die Römer dort unter Druck, Constantin II öffnete die Grenzen und erlaubte Landnahme. Als Gegenleistung erwartete Constantin energisches Vorgehen von alamannischen Kriegern gegen den Usurpator Magnentius. Auseinandersetzungen fanden jedoch nicht hier, sondern bei Mursa in Pannonien statt, wo Constantin obsiegte; Magnentius verübte Selbstmord in Lugdunum im Jahre 353 n. Chr.

Der Übertritt der Alamannen steigerte sich, sie bevölkerten Gallien schließlich in nicht erwünschtem Maß.

Rom musste schleunigst gegenhalten, wollte es nicht überrollt werden. Die Situation drohte, außer Kontrolle zu geraten.

355 n. Chr. wurde Julianus Apostata zum Caesar erhoben, man übertrug ihm das Kommando über Gallien.

357 n. Chr kam es bei Straßburg zum Kampf der Römer und Alamannen, tausende Alamannen fielen, weitere Tausende ertranken im Rhein.

Julianus Apostata hat über die durch die Alamannen und Franken verursachten und verübten Verwüstungen im ostwärtigen Gallien eine Notiz hinterlassen:

„Eine Menge Germanen hat sich unbekümmert angesiedelt rings um die verwüsteten Städte im Lande der Kelten (Gallien). Die Zahl der Städte mit zerstörten Befestigungsanlagen beträgt etwa 45, ohne die einzelnen Bollwerke und die kleineren festen Stützpunkte.

300 Stadien, 50 km vom Rheinufer entfernt wohnten diejenigen, die am weitesten vorgedrungen waren, noch dreimal so breit war das nach der Ausplünderung öde zurückgelassene Niemandsland. In diesem Zustand habe ich Gallien übernommen."

Nachdem der weströmische Heermeister Stilicho britannische und gallische Legionskräfte um 401 n. Chr. abgezogen hatte, um sie gegen Italien bedrohende Goten zu werfen, erfassten das die Alamannen sofort als Chance auf weiteres Siedlungsland und rückten in den Schweizer Raum vor.

406/407 n. Chr. schlossen sich dann Teile der Alamannen, Alanen und Vandalen auf deren Treck nach Gallien an. Die in Württemberg und Schweiz Verbliebenen konnten derweil unbehelligt ihren Staat aufbauen, das galt sogar für die Zeit des Hunnensturms, dieser zog mit seinen begleitenden Völkermassen in den Jahren 450/451 n. Chr nördlich bei Koblenz und südlich bei Basel vorbei. Erst unter dem Franken Chlodwig I werden die Alamannen bedrängt, 496 n. Chr. besiegt er sie bei Tolbiacum, sie fliehen in die Schweiz, von den Franken geduldet; 506 n. Chr. erneute Niederlage.

Chlodwigs Söhne integrierten die Alamannen zwischen 533-548 n. Chr. ins Frankenreich, diese verloren somit Souveränität und Staatsgebiet in Südwestdeutschland, Nordschweiz, Chur und Raetoromanien.

660 n. Chr. weichen sie endgültig in die Ostschweiz und Liechtenstein.

Über die Geschehnisse, die den Sueben in Spanien widerfahren, ehe sie als Volk in den Westgoten aufgingen und damit quasi als souveränes Staatsvolk verschwanden, berichtet Isidor.

Isidor in "Geschichte der Goten, Vandalen und Sueben" (auszugsweise zitiert gemäß der Übersetzung D. Coste. Herausgegeben von Alexander Heine):

„Im Jahre 409 kamen die Sueven unter ihrem König Hermerich zugleich mit den Alanen und Vandalen nach Spanien und besetzten zusammen mit letzteren ganz Galicien.

Als aber die Vandalen nach Afrika hinübergingen, behielten die Sueben Galicien für sich allein. Über sie herrschte in Spanien Hermerich 32 Jahre lang. Die Galicier blieben in einem Teil des Landes ihre eigenen Herren. Hermerich hatte sie in wiederholten Raubzügen ausgeplündert, als er aber in eine Krankheit verfiel, machte er Frieden mit ihnen und nahm seinen Sohn Recchila zum Mitherrscher an. Diesen schickte er mit einem großen Teil seines Heeres gegen Andovetus, dem Führer der römischen Soldaten, aus. Recchila schlug ihn und sein zahlreiches Heer am Fluss Singilius und nahm ihm eine große Menge Gold und Silber ab.

Dann belagerte und eroberte er Emerita und verband es mit seinem Königreich. Sein Vater Hermerich starb nach siebenjährigem Siechtum."

Unter den Nachfolgern Hermerichs ereigneten sich im Suevenland folgende Geschehnisse:

Recchila (441-448 n. Chr.) erobert:
- Hispalis, Sevilla, Baetica, Andalusien
- Carthago Nova, Carthagena --> spätere Rückgabe an Rom

Reccarius (448-457 n. Chr.):
- Heirat der Tochter des westgotischen Königs Theudered
- Einfälle in das Baskenland
- Verwüstung Caesaraugusta - mit Theudered
- Einfall in Tarraconensiche Provinz Aragon
- Plünderung Carthago Novas
- Kampf und Niederlage gegen Theudered, Ableben.

Teile der Sueben wählen	Teile der Sueben wählen
Maldra (457-460 n. Chr.)	Frantanes (457 n. Chr.) + Nachfolger wird Maldra, vereinigt mit Recchimund (460 n. Chr.) - verwüsten Lusitania

Maldra von Gefolge 460 n. Chr. ermordet

Remismund 464 n. Chr.	Frumarius -464 n. Chr.
- verwüstet Aurega, Luca	- zerstört Flavia (La Coruna) Frumarius stirbt

Remismund vereinigt alle Sueben

- Frieden mit Galliciern.
- Heiratet Tochter des Gotenkönigs Theiderich.
- Erhält von ihm Waffen.
- Plündert Comimbria/ Lusitanien.
- Erobert Olyssipona.
- Galater Ajax bringt den Arianismus.

Theodemir (559-570 n. Chr.)

- Führt den Katholizismus ein (mit Hilfe Bischof Martin)

Miro (570-583 n. Chr.)

- 573 n. Chr. Krieg gegen Rucconen
- Kriegszug mit Leovigild gegen dessen Sohn; Miro findetvor Hispalis den Tod

Herborich (585 n. Chr.)

- Herberich wurde durch Audeca der Herrschaft beraubt, kam ins Kloster. Leovigild überzog die Sueben mit Krieg, eroberte das Land, setzte Audeca ab, fortan Priesterdienst.

Das Suebenreich, das somit zwischen 409n. Chr. - 585 n. Chr. bestanden hatte, wurde Teil des Gotenreiches.

Die Burgunden

Sie gehören ebenfalls zu den vorgenannten germanischen Völkerschaften, die zwischen 50 und 150 n. Chr. in den Raum zwischen Oder und Weichsel gelangten; erste Hinweise erhalten wir durch Plinius den Älteren und Ptolemäus.

Plinius der Ältere schreibt in "Naturalis historiae liber IV":

"Es gibt fünf Hauptstämme der Germanen: Die Vandiler, zu denen die Burgodionen, Variner, Chariner und Gutonen gehören."

Ptolemäus gibt in seiner Karte der Ost- und Nordseeküsten aus dem Jahre 150 n.Chr. die ungefähre Lage des Wohnsitzes. Danach siedeln die Burgunden zwischen Oder und Weichsel, enger gefasst, im Netze-Warthe-Distrikt. Ptolemäus benennt die Burgunden Burguntes.

Nach etwa 100-jährigem dortigen Aufenthalt wanderten sie entlang der Oder ins nördliche Schlesien. Diese Stelle verließen sie um 250 n. Chr. und erreichten über den oberen den unteren Main, wo ehemals die Alamannen gesiedelt hatten.
Die Burgunden errichteten ihr Reich im Gebiet der Stadt Worms am Rhein um Jahr 413 n. Chr.; es bestand bis zum Jahre 437 n. Chr.
Zu dieser Zeit wurden sie vertrieben, es gelang ihnen im gallischen Lyon/Lugdunum ihr zweites Reich zu errichten; dieses Reich bestand zwischen 443-534 n. Chr.

Jordanis in "Gotengeschichte" (auszugsweise zitiert gemäß Übersetzung Dr. Wilhelm Martens. Herausgegeben von Alexander Heine):

„... da also rief der Gepidenkönig Fastida, wie gesagt, sein ruhiges Volk auf und erweiterte mit den Waffen das väterliche Gebiet. Die Burgundzonen schlug er fast bis zur Vernichtung und besiegte noch manche andere Völker ..."

Über den Kaiser Probus wird berichtet, dass er während seiner Regierungszeit (276-282 n. Chr.) die Rheinlinie gegen vehement anstürmende Vandalen und Burgunden sicherte.
291 n. Chr. gelingt es einer weiteren Welle der Burgunden, nach Gallien einzudringen, bald jedoch werden sie durch Alamannen genötigt, sich zurückzuziehen.
359 n. Chr. finden wir sie am Rhein wie am Main.

Unter Valentinian I, der in den Jahren 364-375 n. Chr. die Rheingrenze gegen die Alamannen sicherte, stellten die Burgunden Hilfstruppen für die Römer ab.

Als Alanen, Sueben und Vandalen im Jahr 406 n.Chr. den Rhein ins Gallische überqueren, sind die Burgunden dabei.

Beiderseits des Mittelrheins, in und um Worms beginnen sie mit Gründung und Aufbau ihres ersten Reiches, das offiziell ab 413 n. Chr. datiert.

Durch den griechischen Geschichtsschreiber Olympiodor wird berichtet, dass in Mundiacum im Jahre 411 n. Chr. durch den Alanen Goar und den Burgunden Gunthiarius gegen den amtierenden Kaiser Honorius ein Gegenkaiser ausgerufen wurde; es handelt sich um den weströmischen Usurpator Jovinus, einen Gallier, der daraufhin in Gallien und Britannien anerkannt wurde.

Jovinus zog mit Germanenvölkern gegen Arelate, wurde durch den Westgotenkönig Athaulf besiegt und anschließend (412/413 n. Chr.) getötet.

Das erste Burgundenreich wird im Jahre 436 n. Chr. auf Anordung des Aetius durch hunnische Kontingente in Römerdiensten angegriffen und geht unter.

Der Angriff erfolgte als Strafexpedition, da die Burgunden im Jahr zuvor in die römische Provinz Begica I eingefallen waren; der Kampf zulasten der Burgunden erforderte 20.000 Opfer unter den Kriegern.

Prosper Tiro schreibt: „Zur gleichen Zeit setzte Aetius dem Burgunderkönig Gundaricius zu, bis er ihm auf seine Bitten hin Frieden gewährte, dessen er sich allerdings nicht lange erfreuen konnte, da die Hunnen ihn mit seinem ganzen Volk ausrotteten."

Sokrates Scholastikos wiederum schreibt: „Es gibt eine barbarische Nation, die sich in der Gegend des Rhein-Flusses aufhält und Burgunden genannt wird. Sie führen ein friedliches Leben. Sie haben besondere Fähigkeitenfür allerlei Arbeiten mit Holz und wenden diese Kenntnisse zu ihrem eignen Wohlergehen an.

Die Hunnen griffen dieses Volk wiederholt an und verheerten sein Land, ja, sie erschlugen auch sehr viele von diesen Burgunden. In dieser Notlage beschlossen die Burgunden, sich nicht mehr einem Menschen anzuvertrauen, sondern einem höheren Wesen, einem Gott. Nach reiflicher Erwägung sagten sie sich, dass der Gott der Römer am besten schütze, und entschlossen sie sich zu der Annahme des römisch-katholischen Glaubens.

Um dies zu bewerkstelligen, begaben sie sich in eine Stadt des östlichen Gallien und baten den Bischof, sie zu taufen. Dieser befahl ihnen, sieben Tage zu fasten, und unterrichtete sie in dieser Zeit in den Grundsätzen des christlich-katholischen Glaubens. Am achten Tag taufte er sie dann und entließ sie.

Fortan begannen die Burgunder stärkeres Selbstvertrauen zu haben und wandten sich gegen ihre Bedrücker; und sie wurden in ihrer Hoffnung auch nicht enttäuscht.

Als eines Nachts der Hunnenkönig Upstaros (Oktar) soviel gegessen und getrunken hatte, dass er an diesem Übermaß starb, griffen die Burgunder das nunmehr führerlose Volk an. Und obwohl sie nur wenige waren und ihre Gegner sehr zahlreich, erkämpften sie einen großen Sieg. Mit nur dreitausend Mann erschlugen sie an die zehntausend Hunnen.

Seit dieser Zeit ist die burgundische Nation unter die eifrigsten Anhänger des Christentums zu zählen."

Diese Schlappe aus dem Jahr 425 n. Chr. vergaßen die Hunnen den Burgunden nicht, im Jahr 437 n. Chr. schlugen sie zurück und besiegten die Burgunden endgültig.

Aetius verordnete dem Rest der Burgunden einen Wegzug, sie wurden umgesiedelt nach Sapaudia am Genfer See bis auf Höhe Lausanne.

Sie wurden Foederaten und erhielten das übliche Drittel aus römischem Grundbesitz zu eigen und zur Bewirtschaftung.

Professor Dr. **Schreiber** schreibt dazu in seinem Werk „Die Hunnen":

„... Da auch die Hunnen, trotz aller Schnelligkeit, trotz ihrer Lassos und ihrer bezeugten Beutegier, einige tausend Burgunder am Leben lassen mussten, setzte sich ein Treck rheinaufwärts in Bewegung, der wohl kein Volk mehr war, aber doch noch ein Stamm, dem auf der ganzen Strecke des rheinufrigen Reiches es doch wohl möglich gewesen sein muss, dem Hauptstoß der Hunnen auszuweichen.

Nur der Verlust an Männern muss sehr arg gewesen sein, denn diese stellten sich natürlich dem Feind und wurden getötet.

Die Lebenskraft, mit der die Burgunder sich in den neuen Sitzen rings um den Genfer See und bis hinein ins Gebirge wieder konsolidieren, ist bemerkenswert, ja beinahe möchte man sagen ungewöhnlich.

Unter so vielen Stämmen, die zermahlen werden und buchstäblich unter die Räder der Wanderkarren kommen, erheben sich die Burgunder wieder, vielleicht dank ihrer besonderen Fertigkeiten, die durchaus nicht alltäglich sind.

Aus ihrem Gesetzbuch, das wenige Jahrzehnte nach der Volkskatastrophe entsteht, lässt sich der Konsolidierungsprozess ableiten, denn ein Gesetzbuch – das wissen wir seit Moses – ist mehr als eine Verfassung, es ist das Leben des Volkes, nicht des Staates.

In dieser Lex Burgundiorum spielen die Handwerker eine besondere Rolle, allen voran diejenigen, die mit Holz zu tun haben, aber auch die Schmiede und andere."

Dass Aetius den verbleibenden Rest der Burgunden an der oberen Rhone ansiedelte, ihnen den Foederatenstatus verlieh, geschah nicht ohne Grund. Aetius sah in den Burgunden potentielle Mitkämpfer, die er bei Bedarf, und der war eigentlich häufig gegeben, zusätzlich in den Kampf einbringen könnte. Die Burgunden hatten fortan den Dauerauftrag, die Ostgrenze Galliens gegen die Alamannen zu schützen.

An der Rhone nun gründeten die Burgunden ihr zweites Reich mit der Hauptstadt Lugdunum, es währte von 443-534 n. Chr.
Sie waren umgeben von den ripuarischen Franken, Alamannen, Ostgoten, Westgoten und dem letzten verbliebenen römischen Reichsteil in Gallien, dem Reich des Syagrius. Die Burgunden konnten später ihr Reichsgebiet etwas nach Süden ausdehnen.
In ihrer neuen Heimat passten sich die Burgunden den herrschenden Verhältnisses an, klugerweise bestanden sie nicht auf Apartheid, auch die römische Sprache übernahmen sie. Aufgrund der expandierenden Franken gerieten auch sie ins Blickfeld der Begehrlichkeiten. Die Söhne Chlodwigs I. griffen das Burgunderreich an und zerschlugen es 534 n. Chr.
Nach Einverleibung wird Burgund neben Austrien und Neustrien künftig dirtter autonomer Reichsteil des Frankenlandes.

In Burgund verschmelzen die Römer mit den Neuankömmlingen, den Burgunden und den Eroberern, den Franken. Die Römer nahmen weiterhin Führungspositionen wahr, auch römische Tradition lebte fort.

Die Angeln, Sachsen und Jüten

Jene drei germanischen Völkerschaften aus dem Herkunftsland der Kimbern überquerten in den Jahren 449/450 n. Chr. mit zunächst geringen Kräften die Nordsee und gelangten in den Südwesten / Osten Britanniens.

Sie waren eine der letzten Randgruppen, abgesehen von den Langobarden, die sich aufmachten, zuvilisiertes Römergebiet zu erobern und dort selbst einen eigenen neuen Staat zu gründen.

Bevor die Römer es im Jahre 43 n. Chr. mit vier Legionen eroberten, lebten dort im Norden die Pikten und im Süden die Briten.

Während der römischen Herrschaft blieben der Norden Englands wie auch die Insel Hibernia, die die Skoten besiedelten, unbesetzt.

An der Eroberung des südlichen Britanniens im Jahre 43 n. Chr. waren folgende römische Legionen beteiligt:

- XI Primigenia
- XX Valeria Victrix
- XIV Gemina
- II Augusta

Vermutlich wurde mit gut ausgebildeten und einsatzerfahrenen Kräften, nach neustem Stand ausgerüstet, in das Unternehmen gegangen, man darf von einer Gesamtstärke von 22.000 Legionskräften ausgehen.

Für das Jahr 68 n. Chr. sind bezeugt:

- II Augusta Gloucester
- XX Valeria Victrix Shrewsbury
- IX Hispania Lincoln

Die vormals eingesetzte XIV Gemina ist zu diesem Zeitpunkt bereits abgezogen und wird in Lugdunum verwendet, der neue Standort der ebenfalls nicht mehr genannten XI Primigenia ist unbekannt. Mithin sind nur drei Legionen benannt, vermutlich hat man anfangs mit Mehrbedarf gerechnet, der später reduziert werden konnte.

Das heutige England und Wales bildeten Britannia Inferior im Norden, Britannia Superior im Süden.

Nördlich davon liegt Caledonia, das mit unwirtlichen Teilen vorübergehend unter verstärkten römischen Einfluss geriet, jedoch unterhalb des „Provinzcharakters".

Die im Westen liegende große Insel Hibernia blieb unbesetzt.

Caledonia wurde an seinen schmalsten Stellen mit dem "Vallum Antonini" in der Mitte und den "Vallum Hadriani" im Süden versehen, eine Abschottung für den Notfall gegen Eindringlinge nach Britannia Inferior.

Außerdem wurden in Caledonia zwei Legionslager eingerichtet:

Pinnata Castra   beide nicht ständig bestehend
Trimontium

Für Britannia Inferior wurden eingerichtet:

Costorpitum   nicht ständig bestehend
Luguvallum   nicht ständig bestehend
Eburacum   ständig bestehend
Lindum   nicht ständig bestehend
Deva   ständig bestehend
Viroconium   nicht ständig bestehend

Für Britannia Superior wurden eingerichtet:

Glevum   nicht ständig bestehend
Isca Silur   ständig bestehend
Dubrae   nicht ständig bestehend

Zahl und örtliche Lage der Legionslager lassen erkennen, dass eine sichere römische Militärführung am Werk war, die ihr Handwerk verstand.
Bis zum Jahre 400 n. Chr. beherrschten die Römer ihre britannische Provinz, sie gaben, was sie konnten, sie nahmen, was sie brauchten. Rom gab Geistiges, Stadtanlagen, Infrastruktur; Britannia gab Wolle, Blei, Kupfer, Zinn, Eisen sowie Getreide, Vieh und Hunde. Sicherlich profitierte Rom vom Steueraufkommen, von den Absatzmärkten für römische Produkte jeglicher Art.

Ptolemäus erwähnt die Sachsen auf seiner um 150 n. Chr. veröffentlichten Karte. Die "Saxones" haben danach ihre Wohnsitze in Schleswig-Holstein und im westlichen Mecklemburg-Vorpommern. Die Angeln und Jüten tauchen auf der angeführten Karte nicht auf.
Im 3. Jahrhundert siedeln die Sachsen im Wesergebiet, dort wo vorher der Platz der Chauken war. Um 280 n. Chr. hört man von den Sachsen als Seepiraten beiderseits des Ärmelkanals.

Zur Abwehr dessen errichteten die Britannier den Litus Saxonicus; Städte erhielten Ringmauern mit Türmen.

Die sächsichen Krieger waren qualifiziert, sie standen in römsichen Militärdiensten, Usurpatoren setzten sie ein.

Zwischen 355-375 n. Chr. verfügten die Sachsen über den Foederatenstatus.

Ab 400 n. Chr. überschlugen sich dann die Ereignisse an der Donau- und Rheinfront, was für die römische Provinz Britannia nicht ihne Folgen blieb. Nach und nach zogen die Römer ihre Truppen von dort ab und überließen Britannia sich selbst.
Bis 407 n. Chr. waren noch geringe römische Kräfte im Einsatz gegen pausenlos angreifende Pikten und Skoten, die natürlich ihre Chance witterten.
Unter den Gegenkaisern Gratianus, Konstantin III und Jovinus ereignete sich folgendes:

Gratianus — weströmíscher Usurpator 407 n. Chr.
— gebürtiger Britanne
— Gegenkaiser zu Honorius
— Beseitigung nach nur 4 Monaten

Konstantin III — weströmischer Usurpator 407-411 n. Chr.
— Gegenkaiser zu Honorius, gewöhlicher Soldat
— Herrscher über Britannien, Gallien, Spanien
— Bekämpfte in Gallien mit seinen britannischen Truppen Vandalen, Alanen und Sueben
— Niederlage gegen romtreuen Constantius III, 411 n. Chr. bei Arles,Gefangennahme und Hinrichtung

Jovinus — weströmischer Usurpator 411-413 n. Chr.
— Gebürtiger Gallier
— Gegenkaiser zu Honorius, ausgerufen in Mainz durch Alanen Goar u.Burgunder Gunthiarius
— Findet Anerkennung in Gallien, Britannien
— Kämpft bei Arelate gegen Westgotenkönig Athaulf und wird besiegt
— Hinrichtung durch Dardanus 413 n. Chr.

Vielleicht schon zu diesem Zeitpunkt, vielleicht auch etwas später, unter dem Kaiser Valentinian III (425-455 n. Chr.), erfolgte für Britannia die offizielle Entlassung aus dem Imperium.
Nach Abzug der römischen Truppen aus Britannia anfangs des 5. Jahrhunderts kam es zu einem Aufstand der einheimischen Bevölkerung gegen die Römer, die noch im Lande als zivile Bevölkerung verblieben waren.

Die Herrschaft ging nun auf die Briten über, diese wurden jedoch sogleich durch Pikten, Skoten und Seepiraten in ihrer Existenz bedroht.

Der amtierende Fürst, Vortigern, ließ zur Hilfe Germanen kommen, damit begann der Adventus Saxonum.

Diese Unterstützungskräfte landeten in Kent, sie wurden Foederaten.

Beda Venerabilis (Mönch des Klosters Jarrow/England; 731 n. Chr.) schreibt in "Kirchengeschichte des B. Venerabilis" (auszugsweise zitiert gemäß Übersetzung David Coste. Herausgegeben von Alexander Heine):

„Im Jahr 449 nach der Fleischwerdung des Herrn kam Marcian auf den Thron, zur Zeit Valentinians, der 46. König seit Augustus, und regierte sieben Jahre.

Damals kam das Volk der Angeln oder Saxonen auf Einladung gesagten Königs auf drei langen Schiffen nach Britannien, landete im Osten der Insel und erhielt dort von demselben König feste Wohnsitze, als ob es für sein Vaterland kämpfen sollte – in Wahrheit dessen künftigen Eroberer.

In einer Schlacht gegen die Feinde, welche von Norden herbeigekommen waren, blieben die Saxonen Sieger.

Sobald die Kunde von diesem Sieg in ihre Heimat drang, zugleich damit die Botschaft von der Fruchtbarkeit der Insel und der Schwäche der Briten, machte sich ungesäumt eine größere Flotte mit einer zahlreicheren Bemannung von dort auf, die sich sofort mit den ersten Scharen vereinigte und so ein unbesiegbares Heer bildete.

Die Ankömmlinge nahmen also die Wohnsitze an, welche ihnen die Briten als Geschenk geboten hatten und wohnten unter ihnen – unter der Bedingung, dass sie zum Frieden und Heil des Vaterlandes gegen alle Feinde Kriegsdienste täten, die Briten dafür ihnen einen festgesetzten Tribut zahlten.

Die gekommen waren, gehörten zu den drei kräftigsten Stämmen der Germanen, zu den Saxonen, Angeln und Jüten.

Von den Jüten kommen die Cautuarier und Victuarier her, d. h. der Stamm, welcher die Insel Vectis bewohnt und derjenige, welcher bis auf den heutigen Tag im Land der Westsachsen den Namen der Jüten trägt und der Insel Vectis gegenüberwohnt. Von den Sachsen, die aus dem heutigen Alt-Sachsen kamen, stammen die Ostsachsen, Südsachsen und Westsachsen.

Von den Angeln, die aus Angeln kamen, dem Land, das jetzt zwischen dem Gebiet der Sachsen und Jüten verlassen daliegt, stammen die Ostangeln, die Südangeln, die Mercier, das ganze Volk von Northumberland, d. h. die Stämme, welche südlich vom Humberfluss wohnen, und die anderen Stämme der Angeln.

Ihre ersten Führer sollen zwei Brüder gewesen sein, Hengist und Horsa, von denen der letztere bald darauf in einer Schlacht gegen die Briten fiel..

... Da die erwähnten Volksstämme in immer dichteren Scharen unaufhaltsam nach dieser Insel hinüberströmten, wurde die Menge der Ankömmlinge größer und größer, so dass die Eingeborenen, welche sie herbeigerufen hatten, mit Schrecken erfüllt wurden.

Da schlossen jene plötzlich mit den Pikten, welche sie im Krieg mehr und mehr zurückgedrängt hatten, ein Bündnis und wandten ihre Waffen gegen ihre alten Bundesgenossen.

Zuerst fordern sie eine Erhöhung des Tributs und, da sie nur einen Grund zum Bruch suchten, erklärten sie, wenn ihnen nicht reichlichere Getreidespenden zuteil würden, das Bündnis brechen und die ganze Insel verwüsten zu wollen. Der Drohung folgte die Tat auf dem Fuße nach ...

... Feuer an, das zunächst die benachbarten Ortschaften und Äcker vom östlichen bis zum westlichen Meer ungehindert verheerte ... Kein öffentliches, kein privates Gebäude blieb stehen ...

Von den beklagenswerten Überlebenden wurden viele noch in den Bergen aufgegriffen und haufenweise umgebracht; manche verließen, vom Hunger getrieben, ihre Schlupfwinkel und ergaben sich den Feinden, um für das tägliche Brot ewige Knechtschaft einzutauschen...

Als darauf das Heer der Feinde nach Vernichtung und Zerstreuung der Eingeborenen in seine Wohnsitze zurückgekehrt war, fingen jene an, sich allmählich zu erholen und aus ihren Schlupfwinkeln, in denen sie sich verborgen gehalten hatten, hervorzukommen, einmütig flehten sie den Himmel an, er möge sie vor gänzlicher Vernichtung bewahren.

Ihr Anführer war Ambrosius Aurelianus, ein Mann von demütigem Herzen, der als der einzige von römischer Abkunft jenem Blutbad entgangen war, während seine Eltern, die königlichen Namen und Abzeichen getragen hatten, darin umgekommen waren.

Unter seiner Führung fassten die Briten wieder Mut, boten den Siegern die Schlacht an und errangen unter Gottes gnädigem Beistand den Sieg.

Von da an hatten bald diese, bald jene die Oberhand bis zum Jahr der Belagerung des Badonischen Berges, wo sie den Eindringlingen eine große Niederlage beibrachten, im 44. Jahr nach deren Landung an der britischen Küste" (492 n. Chr.).

Bei den Kämpfen zwischen "Eindringlingen" und "Einheimischen" wird sicherlich viel römisches Kulturgut zerstört worden sein, Nutzbares wird man geschont haben.

164

Die braven Briten hatten, wie sich herausstellte, auf den Falschen gesetzt, sie wurden von den Neuankömmlingen, Migranten bis zum letzten ausgebeutet, verloren ihr Leben, Besitz, Hab und Gut und sogar ihr Land, das hatten sie sich sicher nicht träumen lassen, als sie die Sachsen – vielleicht etwas naiv – um Hilfe baten.

Das Verhalten der Sachsen kann im Prinzip nicht gutgeheißen werden, für sie war's Lebenskampf, Überlebenskampf.

Als Variante stand den Briten eine sicherlich schmerzhafte Arrangierung mit ihren keltischen "Brüdern" zur Wahl, ob sie besser gewesen wäre, ist fraglich.

Um 650 n. Chr. hatten sie ihr ureigenstes Territorium an die Angelsachsen verloren, ihnen blieben der äußerste Westen Englands, d. h. Wales, Cornwall sowie die Bretagne, d. i. der Nordwestzipfel Galliens.

Die Eroberer lebten fortan nach Völkerschaften aufgeteilt in Northumbria, Mercia und Ost-Anglia (Angeln), Essex, Sussex und Wessex (Sachsen) und Cautia (Jüten).

827 n. Chr. ergab sich daraus das Königreich England.

Die Migration hatte ihren erfolgreichen Abschluss gefunden.

Die Langobarden

Sie waren die letzten Germanen, die den mittleren Teil Germania Magna's als Migranten verließen, der Osten war schon früher frei geworden.

Mit dem Verlassen ihrer Siedlungsplätze an der unteren und mittleren Elbe, wohin sie den Semnonen gefolgt waren, blieb das Land frei und unbewohnt, offen für die slawischen Wanderungen des 6. - 9. Jahrhunderts.

Wendische Völker gelangten bis nach Schleswig-Holstein, Polen bis westlich der Weichsel, Sorben querten die Elbe, im 6./7. Jahrhundert erreichten Tschechen und Slowaken Böhmen und Mähren, im 7. Jahrhundert kamen auch Slowenen, Serben und Kroaten in ihre heutigen Besitzungen im Westen des oströmischen Reiches.

Zuguterletzt nahmen slawisierte Bulgaren Besitz von Niedermoesien und Thracien.

Die Langobarden finden bereits kurz nach der Zeitenwende Erwähnung bei den Schriftstellern.

Tacitus in "Germania" (auszugsweise zitiert gemäß Übersetzung Josef Lindauer. Herausgegeben im Deutschen Taschenbuch Verlag):

„Die Langobarden dagegen macht ihre geringe Zahl berühmt: obwohl von sehr vielen übermächtigen Stämmen umgeben, sind sie nicht durch Unterwürfigkeit, sondern durch Kampf und Wagemut gesichert."

Velleius Parterculus in "Historia Romana" (auszugsweise zitiert gemäß Germanen und Germanien in römischen Quellen. Herausgegeben von Alexander Heine):

„Gebrochen wurde auch die Gewalt der Langobarden, eines Volkes, wilder als die germanische Wildheit selbst ..."

Ptolemäus in "Einführung in dei Geographie II" (auszugsweise zitiert gemäß "Germanen und Germanien in griechischen Quellen". Herausgegeben von Alexander Heine):

„Es bewohnen aber von Germanien das Gebiet längs des Rheins, wenn man von Norden beginnt, die kleinen Brukterer und die Sigambrer, unterhalb von diesen die suebischen Langobarden, dann die Teukterer."

Ptolomäus überliefert den Wohnsitzbereich der Langobarden – mittels seiner bekannten Karte – um 150 n. Chr. in Germania Magna. Ptolemäus platziert sie südlich der Unterelbe, im heutigen Gebiet des ostwärtigen Niedersachsens, und zwar als "Laccobardi".

Das deutet auf den langen Bartwuchs hin, der sie ab einer bestimmten Zeit charakterisiert.

Darüber gibt Paulus Diakonus in seiner Schrift über die Langobarden Auskunft.

Paulus Diakonus schreibt in "Historia Langobardorum" (auszugsweise zitiert gemäß Übersetzung OttoAbel. Herausgegeben von Alexander Heine):

Erstes Buch, 1: "Je weiter der nördliche Himmelsstrich von der Hitze der Sonne entfernt und von Schnee und Eis kalt ist, um so gesünder ist er für die Körper der Menschen und günstig für die Vermehrung der Völker, wie umgekehrt alles mittägliche Land, je näher es der Glut der Sonne liegt, immer voll Krankheiten und für die Erziehung der Sterblichen weniger geeignet ist.

Daher kommt es, dass so große Völkermassen im Norden geboren werden, und nicht mit Unrecht wird jener ganze Landstrich vom Tanais bis zum Sonnenuntergang mit dem allgemeinen Namen Germania bezeichnet, wenn auch einzelne Gegenden wieder ihre besonderen Benennungen haben.

Die Römer indes nannten zwei Provinzen jenseits des Rheins (wahrscheinlich ist "diesseits" gemeint!), als sie jene Gegenden in Besitz hatten, das obere und untere Germanien.

Aus diesem volkreichen Germanien werden oftmals zahllose Scharen Gefangener fortgeführt und an die südlichen Völker verkauft; oftmals sind auch viele Völkerschaften von da ausgezogen, weil das Land so viel Menschen hervorbringt, die es nicht ernähren kann, und haben auch Teile von Asien, vorzugsweise aber das ihnen näher liegende Europa heimgesucht.

Das bezeugen die allenthalben zerstörten Städte in ganz Illyrien und Gallien, besonders aber in dem unglücklichen Italien, das die Wut fast aller jener Völker erfahren hat. Die Goten, Wandalen, Rugier, Heruler, Turcilinger und noch andere wilde und barbarische Stämme sind aus Germanien gekommen.

Gleichermaßen ist auch das Volk der Winniler oder Langobarden, das nachmals glücklich in Italien herrschte, von germanischen Völkern abstammend, von der Insel Skandnavia hergekommen, obwohl auch noch andere Ursachen ihres Auszuges angegeben werden."

Paulus Diakonus schreibt weiter:

„Im Namen unseres Herrn Jesu Christi! Hier beginnt die Urgeschichte unseres Langobardenvolkes. Es gibt nämlich eine Insel, die Skadan genannt wird, das heißt im Norden, und da wohnen viele Völker. Unter diesen war ein kleines Volk, das man Winniler nannte, und bei ihnen war ein Weib mit Namen Gambara, die hatte zwei Söhne: der eine hieß Ybor und der andere hieß Ajo.

Die führten mit ihrer Mutter Gambara die Herrschaft über die Winniler. Es erhoben sich nun die Herzöge der Vandalen, nämlich Ambri und Assi mit ihrem Volk und sprachen zu den Winnilern: „Entweder zahlt uns Zins oder rüstet euch zum Streit und streitet mit uns." Darauf antworteten Ybor und Ajo mit ihrer Mutter Gambara und sprachen: „Es ist besser für uns zum Streit uns zu rüsten, als den Wandalen Zins zu zahlen."

Da baten Ambri und Assi, die Herzöge der Wandalen, Godan, dass er ihnen den Sieg über die Winniler gebe. Godan antwortete und sprach: „Die ich bei Sonnenaufgang zuerst sehen werde, denen will ich den Sieg geben."

Zu derselben Zeit baten auch Gambara und ihre beiden Söhne Ybor und Ajo, welche die Fürsten der Winniler waren, Frea, Godans Frau, dass sie den Winnilern helfe.

Da gab Frea den Rat, wenn die Sonne aufgehe, sollten die Winniler kommen und die Weiber sollten ihr Haar wie mit einem Bart ins Gesicht hängen lassen und mit ihren Männern kommen.

Da ging, als der Himmel hell wurde und die Sonne aufgehen wollte, Frea, die Frau Godans, um das Bett, in dem ihr Mann lag, und richtet sein Antlitz gen Morgen und weckte ihn auf. Und als er aufsah, so erblickte er die Winniler und ihre Weiber, denen das Haar um das Gesicht hing. Und er sprach: „Wer sind diese Langbärte?"

Da sprach Frea zu Godan: „Herr, du hast ihnen den Namen gegeben, so gib ihnen nun auch den Sieg."

Und er gab ihnen den Sieg, so dass sie nach seinem Ratschluss sich wehrten und den Sieg erlangten.

Seit der Zeit wurden die Winniler Langobarden genannt."

Nachdem gegen Ende des 2. Jahrhunderts die suebischen Semnonen ihren Stammsitz verlassen hatten, machten sich die Langobarden ebenfalls auf und bezogen dieses Gebiet zwischen Elbe, Saale und Havel auf zunächst unbestimmte Zeit.

Als die Siedlungsdichte der Germanen im Inneren Germania Magna's immer dichter wurde und die in der Mitte wohnenden wieder drängten, eben weil auch sie gedrängt wurden, da zogen auch die Langobarden nach Süden und nahmen um 166 n. Chr. an den Kämpfen der Markomannen und Quaden gegen die Römer teil, die Langobarden stellten die beachtliche Anzahl von 6.000 Kriegern.

Sie überquerten sogar die Donau nach Süden, kämpften gegen die Römer, unterliegen jedoch den römischen Legionen und müssen sich nach Norden zurückziehen.

Lange Zeit hört man nichts von ihnen.

Paulus Diakonus: „... Und nach ihm (Aldihoc) herrschte Godehoc. Zu der Zeit zog König Andoachari (Odoaker) aus Ravenna mit dem Volk der Alanen und kam nach Rugilanda und kämpfte mit den Rugiern und tötete Thewane, den König der Rugier und führte viele Gefangene mit sich nach Italien.
Da erhoben sich die Langobarden aus ihren Sitzen und wohnten etliche Jahre in Rugilanda."

Das bedeutet, dass die Langobarden 489 n. Chr. in Rugiland/Niederösterreich erschienen und es besetzten.
Odoaker hatte das Rugierreich quasi ausgemerzt, Gefangene wurden nach Italien mitgeführt und die Römer mehr oder weniger genötigt, ebenfalls nach Italien umzusiedeln.
Den Langobarden konnte es nur recht sein, fanden sie doch Wohnstätten höherer Qualität vor, römische Villen. Sie richteten sich häuslich ein, errichteten ein Reich, das zu Ansehen gelangte – unter König Wacho.
Irgendwann setzte die Wanderung wieder ein, die Langobarden zogen ins sogenannte "Feld", ein Gebiet nordwestlich von Wien.

In der Folgezeit gab es unter den an der Donau angelangten Germanenstämmen Zwistigkeiten, Langobarden kämpften gegen Heruler und Gepiden. 554 n. Chr. besiegte König Andrin die Gepiden, sein Sohn Alboin löschte den Stamm der Gepiden fast aus.

Paulus Diakonus: „... und nach Waltari herrschte Andrin. Der führte die Langobarden nach Pannonien.
Und es herrschte nach ihm Alboin, sein Sohn, dessen Mutter war Rodelinda. Zu der Zeit stritt Alboin mit dem Gepidenkönig Kunimund; und Kunimund fiel in der Schlacht und die Gepiden wurden unterjocht. Und Alboin vermählte sich mit Rosamunda, der Tochter Kunimunds, die er erbeutet hatte. Denn seine Frau Lotsuinda, eine Tochter Flothars, des Frankenkönigs, war schon gestorben; von der hatte er eine Tochter mit Namen Albsuinda.

Und die Langobarden wohnten zweiundvierzig Jahre in Pannonien. Dieser Alboin führte die Langobarden nach Italien, gerufen von Narses.

Und Alboin, der Langobardenkönig, brach auf aus Pannonien im Monat April, zu Ostern, in der ersten Indikation.
In der zweiten Indikation fingen sie an, Italien zu verheeren; in der dritten Indikation aber wurde er Herr von Italien. Und Alboin herrschte drei Jahre in Italien und wurde ermordet zu Verona im Palast."

Was tat sich weiter in der ersten Hälfte des 6. Jahrhunderts in dieser Region?

Östliche Nachbarn der Langobarden waren die Heruler aus Südmähren, mit ihnen nun gab es Auseinandersetzungen. Zunächst siegten die Heruler und die Langobarden wurden jenen tributpflichtig.
505-508 n. Chr. flammten die Kämpfe erneut auf, dieses Mal siegten die Langobarden und schlugen die Heruler vernichtend, worauf jene nach Skandinavien zurückgekehrt sein sollen.
Unter König Wacho (510-540 n. Chr.) blühte dann das Langobardenreich auf.
526 n. Chr. schlug man die Sueben und besetzte Rugiland.

Unter der Zustimmung des soeben ins Amt gelangten letzten großen Herrschers der römischen Kaiserzeit, Justinians I, zogen die Langobarden nach Pannonien. Hintergrund war, Justinian erhoffte sich insgeheim eine Bekämpfung der Gepiden durch die Langobarden.

527 n. Chr. begannen die Auseindersetzungen zwischen Langobarden und Gepiden, Justinian I unterstützte die Langobarden mit Geld und Soldaten.

546 n. Chr. kürte man Andoin zum Herrscher über die Langobarden.

552 und 554 n. Chr. erfolgten die letzten Waffengänge zwischen den Kontrahenten, König Andoin ging als Sieger über die Gepiden aus dem Geschehen hervor. Zur gleichen Zeit erfolgte der Endkampf zwischen den Kräften des oströmischen Reiches und denen der Ostgoten in Italien. Die Langobarden unterstützten dabei Ostrom mit 5.500 Kriegern und 553 n. Chr. war das ostgotische Reich in die Knie gezwungen. 560 n. Chr. war König Andoin gestorben, sein Nachfolger wurde sein Sohn Alboin. 565 n. Chr. starb Justinian I.
Die Auseinandersetzung der Langobarden und Gepiden ging in die letzte Runde, unterstützt wurden die Langobaren durch Awaren, die nach Pannonien gekommen waren und dort mit Zustimmung Justinians I. zu siedeln beabsichtigten.
567 n. Chr. fiel man gemeinsam ins Gepidenland ein und besiegte sie an der Theiß, sie wurden daraufhin unterjocht. Das stellte sich zwar als momentaner Erfolg für die Langobarden heraus, barg jedoch zugleich Gefahren für sie selbst, ab 530 n. Chr. nahmen Awaren und Slawen drohende Haltung ein.

Doch das focht sie nicht an, die Langobarden hatten schon ein neues Ziel, das Kernland Italien sollte es sein. Da bislang dort Ostgoten und Oströmer die Herrschaft innehatten, war es nicht zu verwirklichen gewesen. Jetzt aber war die Lage günstig.

Justinian war verstorben, Narses, als Feldherr abgelöst, forderte sie auf, nach Italien einzumarschieren und es zu dem ihren zu machen. Zudem war Ostrom selbst, als herrschende Macht, aufgrund der auferlegten hohen Steuern in Italien äußerst unbeliebt. Die Langobarden verließen ihr Reich, nicht ohne sich mit den Awaren über eine mögliche Rückkehr bei Scheitern des Unternehmens geeinigt zu haben. 568 n. Chr. verließen sie ihr bisheriges 42 jähriges Reich, das Gebietes des Burgenlandes, des Wiener Beckens, Teile von Slowenien, Kroatien und Ungarns bis zur Donau umfasste, um den letzten Migrationsschritt zu vollziehen.

Am 2. April 568 n. Chr. soll der Einmarsch nach Italien erfolgt sein. Das Land hatte unter Gotenkrieg, wie auch den Folgen einer Pest stark gelitten, so sehnte man geordnete Verhältnisse herbei, besonders Acker- und Weinbau mussten wieder in Gang kommen.
Für den erfolgreichen Einmarsch bedurfte es gleichgesinnter Mitstreiter, neben 130.000 Langobarden waren 25.000 Sachsen, Reste der Gepiden, Römer aus Pannonien, Sueben wie Sarmaten mit von der Partie.

Der Einmarsch erwies sich als relativ einfach, durch den vorhergegangenen verheerenden Krieg war vieles an Gebieten verwüstet, menschenleer, Besitztümer waren aufgegeben. Militärischen Widerstand erfuhren die Langobarden nur bei Auftreffen auf oströmische Stützpunkte.
Den Eroberern fiel Norditalien quasi in den Schoß: Aquileia, Friaul, Venetien, Toscana und die gesamte Po-Ebene. 572 n. Chr. wurde die alte Gotenstadt Pavia zur langobardischen Hauptstadt bestimmt. Das langobardische Reich sollte gut zweihundert Jahre bestehen, bis Karl der Große es 774 n. Chr. eroberte. Weiterhin eroberten die Langobarden den größten Teil Mittelitaliens bis nach Süditalien.

Ostrom unterstanden fortan:

- Elba
- Sardinien
- Gaeta
- Neapel
- Süden Italiens
- Venedig

Zudem verblieben unabhängig:

- Patrimonium Petri (Rom u. Landverbindung nach Ravenna)
- Herzogtümer Benevent, Spoleto

Die geplante Wiedererrichtung des "Römischen Imperiums" durch Justinian I währte somit fünfzehn Jahre.

Nachdem Alboin nach dreijähriger Herrschaft getötet worden war, folgte ihm Anthari nach. Unter seiner Herrschaft wurden noch der Süden Italiens bis nach Regium sowie Spoleto und Benevent erobert. Neue Herzogtümer wurden:

- Friaul
- Toscana
- Spoleto
- Benevent

Die Langobarden wurden alleinige Waffenträger, desweiteren erhielten sie Landzuweisungen. Die Zeiten waren friedlich, sogar die Kunst blühte auf.

Natürlich gab es auch weiterhin Probleme, zum einen im Verhältnis zwischen regierenden König und Herzögen und zum anderen zwischen Langobarden und römischer Kirche – wobei es jeweils um Machtansprüche und deren Anerkennung oder Verweigerung ging; der Streit mit der Kirche basierte auf beiderseitigen Gebietsansprüchen.

Antharis (584-590 n. Chr.)
- stärkte königliche Macht gegenüber Herzögen
- Anordnung über Abgaben an Zentrale
- Unterwerfung Spoleto, Benevent
- Friedensvertrag mit Franken
- Einstellung der Auseinandersetzung mit Ostrom

Antharis verstarb nach einem Giftanschlag

Agilulf (591-616 n. Chr.)
- Härte in der Führung gegenüber Herzögen, Todesstrafe, Begnadigung
- Frieden mit Awaren, Ostrom
- Eroberung Ravenna, Friaul
- Schwierige Verhandlungen mit Papst

Paulus Diakonus schreibt zur Glaubensfrage: „Die Arianer (germanische Völkerschaften) nämlich sagen zu ihrem Verderben, der Sohn sei geringer als der Vater und ebenso der heilige Geist geringer als Vater und Sohn; wir katholische Christen dagegen bekennen, dass der Vater und der Sohn und der heilige Geist in drei Personen der Eine und wahrhaftige Gott sei, gleich an Macht und Herrlichkeit."

Rothari (636-652 n. Chr.)
- zerstört römische Städte und Burgen,
- bekämpft Römer bei Modena, 8.000 Römer fallen,
- erlässt langobardisches Gesetzbuch,
- Verschmelzung von Bevölkerungsgruppen

Luitprand (713-744 n. Chr.)
- stärkt Zentralgewalt im Verbund mit Papst
- Benevent, Spoleto erheben sich
- Ostrom gegen Luitprand eingestellt
- Streit Papst gegen oströmischen Kaiser kommt Luitprand gelegen
- Luitprand entmachtet Herzogtümer
- Luitprandsucht Ausgleich mit Papst durch Landschenkung

Aistulf (744-757 n. Chr.)
- setzt Herzöge ab, stärkt Zentralgewalt,
- führt langobardisches Heer,
- marschiert gegen Papst in Rom,
- Papst erhält Unterstützung durch den Franken Pippin, Aistulf zieht sich zurück
- Franken belagern Pavia
- Papst erhält Gebiete zurück verbunden mit der Pippinischen Schenkung, de facto Anerkennung des Vatikanstaates
- Franken haben Oberhoheit über Langobarden
- Aistulf erhebt sich, unterliegt Pippin
        Gebietsabtretung
        Tribut
        Abgabe des Langobardenschatzes
        Geiselgestellung

Desiderius (757-774 n. Chr.)
- unterliegt gegen Herzöge
        Parteien
        Papst
        Spoleto
        Karl dem Großen
- verliert Pavia, langobardisches Reich

Karl der Große wird zusätzlich König der Langobarden.

Schlusswort

Die durch die Hunnen ausgelöste "Völkerwanderung" (Migration der ostgermanischen Völkerschaften) im Jahre 375 n. Chr. gab den Germanen den Anstoß, weiter in den Westen und Süden Europas vorzudringen und besiegelte damit zugleich den Untergang des weströmischen Reiches im Jahre 476 n. Chr.

Das von den Germanen ostwärts der Elbe verlassene Gebiet wird zu späterer Zeit durch Slavenvölker, die daraufhin im Laufe der folgenden Jahrhunderte zurückgedrängt wurden und auch wieder nach Westen vordrangen, bis in den heutigen Tag besiedelt.

Nach Eintreffen der Germanen im Ziel ihrer letzten Migrationsetappe errichteten sie auf den Trümmern des mit ihrer "zerstörenden Mithilfe" untergehenden Weströmischen Reiches eigene Germanenreiche.
Wo immer möglich und politisch gewollt fand eine Vermischung germanischer und römischer Völker und damit auch ihrer Kulturen statt, speziell in Gallien, Spanien und Italien. Die antike Kultur der Römer wurde dadurch bis ins Mittelalter und darüber hinaus in die Neuzeit bewahrt.

Eine von dem oströmischen Kaiser Justinian I. angeschobene Wiederherstellung des ehemaligen römischen Imperiums zeitigte nach Unterwerfung der auf weströmischen Reichsboden gegründeten Germanenreiche der Vandalen und Ostgoten anfangs Erfolge, die jedoch nur von kurzer Dauer waren.
So etablierte sich auf den Trümmern des ostgotischen Reiches in Italien das Germanenreich der Langobarden.

Dr. Schreiber, österreichischer Historiker, schreibt dazu: „Wieviel Blut musste fließen, wieviel Volkskraft nicht nur der Germanen, sondern auch der Alanen, Sarmaten und Hunnen auf Europas durstigen Schlachtfeldern versickern, nur weil der eine Teil der Menschheit noch zu wandern gedachte und den Nomadenhunger nicht mehr aushalten konnte, während der andere längst hinter Mauern saß, Recht und Gesetz und staatliche Ordnungen kannte und dies alles verteidigte."

Migrationen gab es vor und während der römischen Kaiserzeit, nach ihr ... und im Prinzip auch heutzutage. Migrationen werden in Gang gesetzt, passieren. Die meisten weisen berechtigte Anlässe vor, sind akzeptabel.
Die Gründe der damaligen Migrationen waren recht unterschiedlicher Natur, mangelnde Kenntnis und Nicht-Vorhandensein von Gerät für Schutzmaßnahmen gegen Fluten, Klimaveränderung in Form von Kälte sowie zu geringes Nahrungsaufkommen bei Überpopulation.

Auch aggressives Verhalten böswilliger Nachbarn war mit Ursache für Wanderungsprozesse.

Die kaiserzeitlichen Wanderungen der germanischen Völkerschaften zogen sich teilweise über lange, lange Zeiträume hin, problemlos waren sie natürlich ebenfalls nicht.
Viele Migranten wussten nicht, wohin sie wollten, wohin der Marsch sie führen würde, was sie unterwegs erwartete, auch musste immer mit dem Schlimmsten, dem Verlust des Lebens gerechnet werden.
Viele starben schon in der Anfangsphase, manche später und die das Ziel erreicht Habenden kannten dann weder ihre Vorfahren noch ihr Herkunftsland.

Die Westgoten zum Beispiel siedelten um 150 n. Chr. an der Weichsel, ihr später erkämpftes Reich ging 711 n. Chr in Spanien unter. Welch eine Entfernung zwischen Ausgangspunkt und Ziel, was für eine Zeitspanne, wieviele Generationen lebten während dieser Zeit? Und niemand wird jemals die Anzahl der gefallenen Goten in diesem Zeitraum ermessen können. Dieses Beispiel mag stellvertretend für die wandernden Völker jener Zeit stehen.

Auch heutzutage sind stets "Migranten" nolens volens unterwegs, erinnert sei nur an die Zeit des 2. Weltkrieges.
Die Migranten der Jetztzeit kommen aus dem Feld der Versallenstaaten der ehemaligen Sowjetunion, aus Afrika sowie Vorder- und Mittelasien.
Sie treibt's nach Europa, meistens kommen sie als Habenichtse, bringen jedoch sich selbst und ihr Können, ihren Willen, etwas zu leisten zum Wohle ein, von schwarzen Schafen soll hier nicht die Rede sein.

Zu fordern ist ein Aufeinanderzugehen, ein Miteinander, zu vermeiden sind Apartheid, Anpassungsverweigerung sowie beidseitige Intoleranz in jeder Hinsicht. Hierbei bedarf es von beiden Seiten eines gerüttelten Maßes an Fingerspitzengefühl und Augenmaß.

Man muss natürlich auch sehen, dass nicht die ganze Welt nach Europa kommen kann, ein überfülltes Boot geht unweigerlich unter.
Eine fruchtbare Migration kann nur über Kontingente, verkraftbare Kontingente, gedeihlich erfolgen.
Das zu entscheiden und zu steuern liegt in der Hand und Verantwortung Europas.

Noch ein kurzer Rückblick:

Die germanischen Völkerschaften errichteten, wie bekannt, ihre Reiche auf römischem Grund und Boden, am Anfang standen jeweils besonders starke Führer wie Geiserich, Alarich, Chlodwig, Theoderich. Deren Nachfolger erreichten jene nicht, was die Führungsqualität anbetraf, das soll neben anderem auch ein Grund mit sein für den Niedergang jener Reiche.
Ihr Aufstieg sah auf römischer Seite schwache Kaiser, der Untergang des weströmischen Reiches wurde immer wieder durch starke Heermeister gebremst wie Stilicho und Aetius.
Der Niedergang der Germanenreiche wurde hingegen beschleunigt durch exzellente Generäle, Heermeister Ostroms. Belizar und Narses zeichneten verantwortlich für den Untergang des Vandalen - und Ostgotenreiches.

Eine erfolgreichere Migration zeitigten Westgoten, Franken und Langobarden.
Die zu verkraftende Menge war damals wie heute das Hauptproblem.
Waeren die ersten Migranten noch "persona grata" vielleicht auch noch die nächsten, irgendwann wurden sie jedoch zur "persona non grata", merkten es nicht, wollten es nicht wahrhaben, mussten es dann schmerzhaft erfahren und mit dem Leben bezahlen.
Wenn immer einige kommen, können viele kommen, wenn jedoch immer häufiger viele kommen, können weniger kommen. Das begreift leider keiner.

Heute läuft alles gesitteter ab, aber es läuft nicht problemfrei und ein Ende ist nicht abzusehen, auch nicht eine Entwicklung. Ohne dass es einer merkt, stecken wir mittendrin im Schlamassel, wir verschließen die Augen und beruhigen uns mit der Spezialdecke "multiculti".

Vae victis.

Ja, das waren sie, die uns bekannten Migranten der Antike, die Kimbern, Goten, Vandalen, Alanen, Sueben und viele andere. Warum sie wanderten – es gab mehrere hinlänglich bekannte Gründe, die sie bewogen.
Ihre Ausgangsorte und die gegangenen Wege sind nicht immer nachvollziehbar, vage.
Bestimmte Zielorte hatten sie nicht, Hauptziel war das Imperium Romanum. Angetrieben zur letzten Etappe wurden sie durch die von Osten heranpreschenden Hunnen.
Ihre Bleibe fanden die germanischen Völkerschaften auf römischen Territorium.
Das Imperium Romanum ging dann durch sie irgendwie zugrunde, irgendwie lebte es aber auch in ihnen weiter.

Die Alten (Römer) existierten in den neuen Reichen unter den neuen Herren weiter, die Germanen wiederum brachten sich, brachten ihr Wesen ein. Keiner blieb ganz, keiner ging zunächst total unter.
Irgendwann jedoch verloren sich die Spuren der Eindringlinge, trotz beidseitiger Apartheid kam es zur Verschmelzung.

Den größten Erfolg verbuchten die Franken, die dicht an der alten Heimat verblieben waren einerseits, andererseits kombinierten sie, dazu befähigt und in der Lage, die überlieferten und gelebten Werte der Römer wie die eigenen zu leben.
Sie enwickelten sie weiter und führten fortan Europa an.

Und heute?

Migration findet statt - täglich, auch Richtung Europa. Migranten kommen ungebremst, zahllos, sich ihren Heimatländern abwendend, aus dem nahen und mittleren Osten, Syrien, Irak und Afghanistan. Weiterhin kommen sie in großer Zahl aus afrikanischen Ländern – aus welchen Gründen auch immer.
Feststeht, Europa kann helfen, hat es bisher getan und wird es weiterhin tun. Feststeht aber auch, Europa kann nicht zahllos, planlos und regellos alle Flüchtenden aufnehmen. Eine gewisse Kontingentierung muss jedoch Platz greifen.

Gesagt wird immer, so kann es nicht weitergehen mit der Migration. Wie es denn gedeihlich weitergehen könnte, wird jedoch nicht gesagt.

Schwierig dürfte bleiben: Das menschliche Miteinander, das Verschmelzen der Kulturen, dies bleibt, das geht. Ein Wort lautet: „Mit den Menschen, mit denen dich das Schicksal zusammenführt, mit denen musst du dich arrangieren.”

Gefragt ist besonders beidseitige Toleranz in jeder Hinsicht.

Das Entgegenkommen darf aber nicht zur Selbstaufgabe führen, alle Seiten werden Abstriche machen müssen.

Jene brauchen uns, wir brauchen jene.

Dum spiro, spero.
Tempus fugit, itaque carpe diem.

7. Zeittafel

7.1. Kimbern, Teutonen, Ambronen

120 v. Chr.	Kimbern verlassen Norden Dänemarks
114 v. Chr.	Schlacht gegen Cato
113 v. Chr.	Schlacht bei Noreia, Römer unter Carbo verlieren
109 v. Chr.	Kimbern/Teutonen dringen in Gallien ein, besiegen bei Lyon Silanus
107 v. Chr.	Römer unterliegen unter Longinus bei Aginum (Agen)
105 v. Chr.	Niederlage der Römer unter Caepio und Manlius bei Aransio, 40.000 Tote
102 v. Chr.	Römer siegen bei Aquae Sextiae, Germanen verlieren 200.000 Streiter
101 v. Chr.	Römer siegen erneut unter Marius, 140.000 tote Kimbern

7.2. Franken und Sachsen

257 n. Chr.	Einfälle der Franken in römisches Gebiet, Vorstoß gegen Gelduba
285 n. Chr.	Plünderung der gallischen Seeküste durch Sachsen
290 n. Chr.	Franken besetzen Rheininseln
294 n. Chr.	Piratenzug der Sachsen ins Bataverland
350 n. Chr.	Franken erobern Gebiet an der Ijssel
355 n. Chr.	Julian schlägt Sachsen zurück, rückerobert Köln
356 n. Chr.	Franken überfallen römische Städte am Rhein
388 n. Chr.	Franken durchbrechen niedergermanischen Limes

7.3. Die Hunnen

50 v. Chr.	Nachbarn der Alanen i.d. Tanaisregion
375 n. Chr.	Hunnen leben i. d. Steppen um den Aralsee
375 n. Chr.	Hunnen queren den Don nach Westen, verdrängen u. unterjochen Ostgoten, vertreiben Westgoten aus deren Siedlungsplätzen
420 n. Chr.	Hunnenführer Rugila setzt sich in der ungarischen Theiß-Ebene fest
434 n. Chr.	Attila u. Beda übernehmen Hunnenherrschaft
437 n. Chr.	Rachefeldzug gegen Burgunder, 20.000 tote Burgunder
445 n. Chr.	Attila Alleinherrscher über Hunnen
447 n. Chr.	Attila fordert u. erhält 6.000 tt Gold von Ostrom

451 n. Chr.	Attila bricht mit Verbündeten in Gallien ein, erobert und verwüstet den Norden
451 n. Chr.	Schlacht Römer gegen Hunnen auf Katalaunischen Feldern, Attila zieht ab
453 n. Chr.	Attila stirbt
455 n. Chr.	Ostgoten besiegen Hunnen i. d. Schlacht am Fluss Nedao, das Hunnenreich zerfällt

7.4. Vandalen

1. J. v. Chr.	Vandalen Söldner für Ariovist und Caesar
1. J. n. Chr.	Vandalen siedeln in Schlesien und Südosteuropa
2. J. n. Chr.	Vandalen an der oberen Theiß
3. J. n. Chr.	Vandalen in Siebenbürgen, Pannonien
350 n. Chr.	Vandalen verlassen den Plattensee und ziehen nach Westen
406 n. Chr.	Vandalen erreichen den Rhein, unterliegen den Franken, gelangen jedoch mit Hilfe der Alanen nach Gallien
406-409n. Chr.	Durchzug durch Gallien und Verwüstung gallischer Städte
411 n. Chr.	Vandalen erhalten von Rom Galicien und Nordportugal
428 n. Chr.	Vandalen besiegen Westgoten
429 n. Chr.	Vandalen bekämpfen Sueben siegreich bei Merida
429 n. Chr.	Vandalen setzen über nach Nordafrika
430 n. Chr.	Geiserich errichtet Vandalenreich
439 n. Chr.	Geiserich erobert Karthago
455 n. Chr.	Geiserich plündert Rom
477 n. Chr.	Geiserich stirbt
534 n. Chr.	Vandalenreich von Ostrom erobert

7.5. Ostgoten

150 n. Chr.	Weichselmündung
220 n. Chr.	Wohnsitz zwischen Dnjestr u. Dnjepr
375 n. Chr.	Vertreibung durch Hunnen
420 n. Chr.	Domizil a. d. Theiß
451 n. Chr.	Schlachtgenossen der Hunnen auf KatalalaunischenFeldern
454/455n. Chr.	Befreiungskampf gegen die Hunnen
474 n. Chr.	Theoderich der Große König d. Ostgoten
489-493n. Chr.	Ostgoten kämpfen um Vormacht in Italien
493 n. Chr.	Theoderich ermordet Odoaker und reißt die Herrschaft über Italien an sich

500 n. Chr.	Theoderich hat das ostgotische Reich errichtet
507-526 n. Chr.	Theoderich herrscht zugleich über das "königlose" West-gotien in Spanien
526 n. Chr.	Theoderich stirbt in Ravenna
552/553 n. Chr.	Totila u. Teja unterliegen Ostrom, das ostgotische Reich geht unter

7.6. Westgoten

150 n. Chr.	Weichselmündung
220 n. Chr.	Domizil zwischen Karpaten u. Dnjestr
375 n. Chr.	Vertreibung durch Hunnen
249-280n. Chr.	Abwehrkräfte der Römer gegen vordringende Westgoten an Donau, am Balkan u. in Kleinasien
378 n. Chr.	Niederlage der Römer gegen Westgoten bei Adrianopel, 40.000 gefallene Römer
382 n. Chr.	Römisch-Gotischer Vertrag auf Schiff in Strommitte Donau
395 n. Chr.	Westgoten plündern in Griechenland
408 n. Chr.	Westgoten vor Rom
410 n. Chr.	Alarich I. stirbt
410 n. Chr.	Westgoten plündern Rom
419 n. Chr.	Theudered gründet Tolosanisches Reich der Westgoten in Südgallien/Nordspanien
419-451n. Chr.	Theudered baut das westgotische Reich aus
451 n. Chr.	Westgoten kämpfen für Rom auf den Katalaunischen Feldern gegen Hunnen
471 n. Chr.	Unter König Eurich Kampf und Sieg gegen Römer sichert Unabhängigkeit
484 n. Chr.	Eurich stirbt
507 n. Chr.	Westgoten unterliegen im Kampf gegen den Franken Chlodwig I., verlieren ihr Reich in Südgallien
507-711n. Chr.	Toledonisches Reich der Westgoten in Spanien
569-586n. Chr.	Leuwigild beherrscht Gesamtspanien, zuvor "Übernahme" der Sueben
589 n. Chr.	Nach den Franken werden nun Westgoten katholisch
711 n. Chr.	Untergang des westgotischen Reiches nach Niederlage gegen Araber

7.7. Sueben

100 v. Chr.	Sueben am Rhein
62-58 v. Chr.	Verwickelt in Kämpfe zwischen Römern in germanischen Völkerschaften westlich des Rheins
55,53 v. Chr.	Caesar berichtet über Sueben ostwärts des Rheins - nach seinen Rheinquerungen
69/70 n. Chr.	Sueben erheben sich unter Civilis gegen Römer
166 n. Chr.	Sueben überqueren die Donau und werden in Kämpfe gegen römische Legionen unter Marc Aurel verwickelt
3. 4 .5 J. n. Chr.	Unter Alamannen kämpfen auch suebische Gruppen und sind erfolgreich bei Überwindung des Limes beteiligt, sie gewinnen neuen Siedlungsraum.
357 n. Chr.	Julian Apostata besiegt die Alamannen bei Straßburg.
406 n. Chr.	Quadische Sueben queren mit Alanen und Vandalen den Rhein,verwüsten Gallien und dringen nach Spanien ein.
409-441n. Chr.	Sueben unter Hermerich in Galicien
441-464n. Chr.	Sueben breiten sich gemeinsam mit Westgoten in Spanien aus
559-570n. Chr.	Einführung des Katholizismus
585 n. Chr.	Suebenreich geht auf im Gotenreich

7.8. Burgunden

150 n. Chr.	Wohnsitze zwischen Oder und Weichsel
250 n. Chr.	Burgunden am unteren Main
280 n. Chr.	Kämpfe gegen Römer am Rhein
291 n. Chr.	Burgunden in Gallien
359 n. Chr.	Burgunden müssen sich aus Gallien zurückziehen
370 n. Chr.	Burgunden stellen Römern Krieger zur Sicherung der Rheingrenze
413-436n. Chr.	1. Burgundenreich am Mittelrhein
425 n. Chr.	Burgunden fügen Hunnen Schlappe zu
436/437n. Chr.	Burgunden erleiden schwere Niederlagen gegen Hunnen und Römer
438 n. Chr.	Burgunden an der oberen Rhone
443 n. Chr.	2. Reichsgründung
461 n. Chr.	Erweiterung des Reichsgebietes, Lugdunum wird Hauptstadt
534 n. Chr.	Franken zerschlagen Burgundenreich, gliedern es als autonomenReichsteil in ihr Land ein

7.9.   Angeln, Sachsen, Jüten

449 n. Chr.	Setzen über von Germania Magna an die Ostküste Britannias, gerufen von keltischen Briten als Unterstützung gegen Picten und Scoten
	Anfänglich auf Seiten der Briten, später drängen sie jene bis Wales und Cornwall zurück
492 n. Chr.	Schwere Niederlage der A./S./J. gegen wiedererstarkte Briten
650 n. Chr.	Angeln, Sachsen, Jüten haben sich etabliert auf Gebiet der Briten, jene endgültig verdrängt und ihr neues Territorium abgesichert
827 n. Chr.	Herzogtümer der Gründerzeit schließen sich zusammen zum Königreich England

7.10.   Langobarden

150 n. Chr.	Domizil an der Unterelbe im ostwärtigen Niedersachsen
166 n. Chr.	Teilnahme am Markomannenfeldzug gegen Marc Aurel
200 n. Chr.	Siedlung zwischen Elbe, Saale, Havel
489 n. Chr.	Inbesitznahme von "Rugilanda", Niederösterreich
554 n. Chr.	König Andoin besiegt Gepiden
567 n. Chr.	Erneuter Sieg über Gepiden
568 n. Chr.	Einmarsch in Italien
572 n. Chr.	Pavia wird Hauptstadt
584-590n. Chr.	König Autharis stärkt Zentralmacht, schließt Frieden mit Franken
591-616n. Chr.	König Agilulf erweitert das Reich, schließt Frieden mit Ostrom
636-652n. Chr.	König Rothari bekämpft Ostrom, erlässt Gesetzbuch
713-744n. Chr.	König Luitprand schließt Frieden mit Awaren
755 n. Chr.	König Aistulf unterliegt den Franken und muss deren Oberhoheit anerkennen
757 n. Chr.	König Desiderius unterliegt Karl dem Großen
774 n. Chr.	Karl der Große wird König der Langobarden

8. Fundstellen

8.1. Literarische Quellen

Naturkunde Bücher III, IV Geographie: Europa
C. Plinius Secundus der Ältere
Artemis-Verlag München und Zürich, 1988

Römische Geschichte, Vierter Teil
Ammianus Marcellinus
Akademie-Verlag Berlin, 1986

Die antike Weltgeschichte in christlicher Sicht, Band II
Paulus Orosius
Artemis-Verlag Zürich und München, 1986

Gotengeschichte
Jordanis
Phaidon-Verlag, Essen und Stuttgart, 1986

Geschichte der Goten, Vandalen und Sueven
Isidor
Phaidon-Verlag, Essen und Stuttgart, 1986

Geschichte der Langobarden
Paulus Diakonus
Phaidon-Verlag, Essen und Stuttgart 1986

Neue Geschichte
Zosimos
Anton Hiersemann Stuttgart, 1990

Berichte über Germanen und Germanien
Caesar - Tacitus
Herausgegeben von Alexander Heine
Phaidon-Verlag, Essen und Stuttgart, 1986

Germanen und Germanien in römischen Quellen
Herausgegeben von Alexander Heine
Phaidon Verlag Kettwig, 1991

Germanen und Germanien in griechischen Quellen
Herausgegeben von Alexander Heine
Phaidon Verlag Kettwig, 1992

8.2.   Literaturhinweise

Die Hunnen
Hermann Schreiber
Econ Verlag GmbH Wien und Düsseldorf, 1976

Die Vandalen
Hermann Schreiber
Scherz Verlag Bern und München, 1979

Die Goten
Hermann Schreiber
Paul List Verlag KG München, 1977

Die Völkerwanderung
Hans Riehl
W. Ludwig Verlag Pfaffenhofen, 1985

Die Völkerwanderung
Magdalena Maczynska
Artemis und Winkler Verlag Zürich, 1993

Germanische Führer der Antike
Franz Miltner
Phaidon Verlag GmbH Essen, 1997

Lexikon Römischer Kaiser
Otto Veh
Artemis Verlag Zürich und München, 1990

Historischer Weltatlas
F. W. Putzger
Cornelsen - Velhagen u. Klasing, Bielefeld, 1974

Geschichte der Alten Welt
Oberstudiendirektor Karl Leonhardt
Ernst Klett Verlag Stuttgart, 1953 (Zweite Auflage)

Die Kelten und ihre Geschichte
Barry Cunliffe
Gustav Lübbe Verlag Bergisch Gladbach, 1980

Das späte Rom
Averil Cameron
Deutscher Taschenbuch Verlag GmbH &Co.KG, 1994

Rom und sein Weltreich
Barry Cunliffe
Gustav Lübbe Verlag GmbH Bergisch Gladbach, 1979

Von Jütland an die Elbe
Jürgen Pieplow
Karl Wachholtz Verlag Neumünster, 1983

Historischer Schulatlas
F. W. Putzger
Verlag von Velhagen u. Klasing Bielefeld und Leipzig, 1918

Geschichte unserer Welt in Karten und Dokumenten
In- und ausländische Historiker; Mitarbeit von Ulrich Gunzert u. Dr. Heinz W. Schlaich
Paul List Verlag Kg München, 1974

Deutsche Geschichte
Albert Thümmel
Herba-Verlag E. Driess, Plochingen Neckar

Die hohe Zeit der Sueben und Alamannen
Haus W. Hammerbacher
Orion-Heimreiter-Verlag

Veni-Vidi-Vici Legionär für Rom
Hartmut Raddatz
Books on Demand GmbH, Norderstedt 2012

Tödlicher Feldzug Varus gegen Arminius
Hartmut Raddatz
Books on Demand GmbH, Norderstedt 2015

Donaulegionäre
Hartmut Raddatz
Books on Demand GmbH, Norderstedt 2018